Drössler/Hilpert/Sauter   Erdkunde 5

ERDKUNDE 5

Schülerarbeitsbuch für die 5. Jahrgangsstufe

Erarbeitet von Franz Drössler, Klaus Hilpert, Helmut Sauter

 Verlag Ludwig Auer Donauwörth

Vom Bayerischen Staatsministerium für Unterricht und Kultus zum lernmittelfreien Gebrauch an Hauptschulen, 5. Jahrgangsstufe, zugelassen.
Zulassungs-Nr. 12/106/77-V.

1. Auflage, 1. unveränderter Nachdruck. 1980
© by Verlag Ludwig Auer, Donauwörth. 1978
Alle Rechte vorbehalten
Grafik: Fritz Klieber, Nördlingen
Gesamtherstellung: Druckerei Ludwig Auer, Donauwörth
ISBN 3-403-00744-8

Inhaltsverzeichnis

Die Landkarte 7
Zur Arbeit mit der Landkarte 7
Unsere Erde 9
Der Globus 10

Oberflächenformen und ihre Entstehung 12
Tiefland – Hügelland – Mittelgebirge – Hochgebirge 12
Die Entstehung der Alpen 14
Spuren der Eiszeit 16
Ablagerung und Abtragung 18
Höhlen – steile Felsen 20
Vulkanismus 22
Erdbeben 25
Das Oberrheintal, ein Grabenbruch 28

Bergbau 30
Im Steinbruch 30
Salzbergwerk 32
Salzgewinnung im Berchtesgadener Land 33
Bergmännische Salzgewinnung 34
Steinkohle 35
Im Kohlenbergwerk 37
Braunkohle 39
Erdöl 41

Stadt und Umland 45
Menschliche Siedlungen 45
Zentrale Orte 48
Wechselbeziehung zwischen Stadt und Land 48
Regensburg – Beispiel eines Verdichtungsraumes
Stadt – Umland 49
Unsere Stadt 52
Landeshauptstadt München 55
Nachbarstädte Nürnberg-Fürth-Erlangen 61
Städteballung im Ruhrgebiet 64
Berlin – 74 Jahre Deutschlands Hauptstadt
– heute geteilte Stadt 66

Erholungsräume 69
Ausflug am Wochenende 69
Naherholungsräume Augsburgs 69
Wandern im Bayerischen Wald 71
Urlaub im Allgäu 73
Skifahren – Freizeitvergnügen für Millionen 76
Badeurlaub an der Adria 79

Verkehr 82
Verkehrswege am Schulort und vom Schulort aus 83
Verkehrsprobleme einer Stadt 83
Flughafen München-Riem 84
Flughafen Frankfurt/Rhein-Main – Deutschlands
Flugverkehrsknotenpunkt 86
Europakanal Rhein-Main-Donau, Binnenwasserstraße
in Bayern 90
Hamburgs schneller Hafen – ein Tor zur Welt 94
Mit Bahn und Auto durch Europa 99

Unser Land Bayern in Wort, Bild und Zahl 100

Erdkundliche Grundbegriffe 104

Stichwortverzeichnis 107

Die Landkarte

Das Ries – Aufnahme vom Turm der Pfarrkirche St. Georg (Ausschnitt)

Das Ries – Luftaufnahme (Ausschnitt)

Zur Arbeit mit der Landkarte

Die Geographie beschreibt die Erde. Sie macht uns mit der Beschaffenheit der Erdoberfläche vertraut, forscht nach den Uranfängen der Erde, deckt die Ursachen ihres heutigen Aussehens auf und läßt uns ihre Bedeutung für die Menschen erkennen. Leider ist es nicht möglich, all die Gebiete aufzusuchen, die wir im Unterricht besprechen. Damit wir uns aber dennoch ein Bild von ihnen machen können, bedienen wir uns im Geographieunterricht verschiedener Hilfsmittel. Dazu gehören zum Beispiel geographische Berichte, Filme, Fotografien, der Globus, Landkarten und der Atlas.

1. Vergleiche die beiden Aufnahmen miteinander!
2. Was stellen sie deutlich, was ungenau dar?

Die Fotografien vermitteln uns ein naturgetreues und leicht verständliches Bild einer Siedlung oder Landschaft. Sie zeigen uns neben Wesentlichem auch unbedeutende Dinge. Naheliegendes erscheint größer, Entferntes kleiner, Entfernungen werden verzerrt. Erfolgt die Luftaufnahme aus großer Höhe, so erfaßt sie zwar ein weites Gebiet. Es ist uns aber nicht mehr möglich, aus dem Bild Höhenunterschiede und Einzelheiten zu entnehmen.

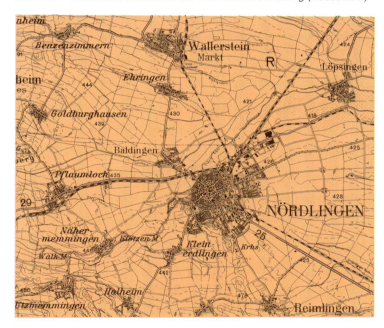

Das Ries – Topographische Landkarte (Ausschnitt aus Blatt Nr. C 7126 TK 1:100 000 mit Genehmigung des Landesvermessungsamtes Baden-Württemberg)

Landkarten

Sie sind maßstabgetreue Darstellungen der Wirklichkeit. Die genaue Landvermessung nimmt der **Topograph** vor. Er überzieht das Land mit einem Netz gedachter Dreiecke, deren Eckpunkte Kirchtürme, Schlote, Bergspitzen usw. bilden. Mit Hilfe von Meßgeräten ermittelt er die Winkel der Dreiecke. Nur eine einzige Seite des Dreiecks wird in der Natur gemessen, alle anderen Größen werden errechnet. Hat der Topograph das verkleinerte Netz der Dreiecke auf Papier übertragen, so zeichnet er darin die Lage von Wegen, Flüssen, Gebäuden, Feldern usw. ein. Die Höhen der Bergspitzen und Hügel bestimmt der Nivellierer. Er beginnt seine Arbeit am Meeresspiegel. Von hier aus dringt er ins Land vor und ermittelt mit seinen Meßgeräten, wie hoch wichtige Punkte über dem Meeresspiegel liegen.

Große und schwer zugängliche Gebiete fotografiert man aus Flugzeugen mit einer Spezial-Luftbildkamera und entwickelt aus dem Luftbild mit besonderen Maschinen fast automatisch genaue Landkarten.
Karten, die uns den Verlauf von Straßen, Wegen, Bahnen, Gewässern und die Lage der Siedlungen angeben, nennen wir **topographische Karten**. Daneben gibt es noch **physische Karten**.
1. Suche beide Arten im Atlas auf und vergleiche!
2. Welche Kartenzeichen werden für die Darstellung von Siedlungen, Gewässern, Verkehrswegen, Höhenformen verwendet?
3. Übertrage die wichtigsten Kartenzeichnungen in dein Arbeitsheft und präge sie dir ein!

Sonderkarten

1. Suche in deinem Atlas Sonderkarten auf!
2. Sprich dich über die verwendeten Symbole (Zeichen) aus!
3. Was sagen die Karten deines Atlasses über Kulturpflanzen, Bergbau, Industrie, Niederschläge und den Frühjahrseinzug in deiner Heimat aus?

Wirtschaftskarte	Sie gibt Aufschluß über Natur- und Kulturlandschaften, Kulturpflanzen, Bergbau und Industrie.
Niederschlagskarte	Angaben über die jährliche Niederschlagsmenge in mm
Autokarte	Orientierung über Art der Straßen, Entfernungen, Campingplätze, Raststätten
Politische Karte	Darstellung der Staaten in verschiedenen Farben

Die Sonderkarten geben uns z. B. Aufschluß über Wirtschaftsverhältnisse (Pflanzenwelt, Bergbau, Industrie), über jährliche Niederschlagsmengen, über Grenzen der einzelnen Staaten, über Arten der Straßen, über die Siedlungsfläche einer Stadt, über Sprachengruppen und Religionen usw.

Der Maßstab der Karte

Er gibt uns das Verhältnis der Längen auf der Karte zu denen in der Wirklichkeit an. M 1:10000 bedeutet, daß 1 cm auf der Karte 10000 cm (= 100 m) in der Wirklichkeit entspricht.

Übertrage die Tabelle in das Arbeitsheft und ergänze sie!

Maßstab	Karte	Wirklichkeit
1:25 000	1 cm	
1:200 000	1 cm	
1:750 000	1 cm	
1:2 500 000	1 cm	
1:750 000	6 cm	
1:75 000	5 mm	
1:100 000		10 km
1:5 000 000		100 km

2. Bestimme die Entfernung von deinem Heimatort zur Landeshauptstadt München mit Hilfe der Karte! (Luftlinie)
3. Welche Maßstäbe weisen die Karten in deinem Atlas auf?
4. Was bedeutet der Maßstab 1:1?
5. Es gibt Karten mit kleinem Maßstab (z. B. 1:25 000) und Karten mit großem Maßstab (z. B. 1:1 Mill.).
   Welche Art der Karten zeigt mehr Einzelheiten?
6. Ermittle aus der Karte (Luftlinie) Entfernungen zwischen der Landeshauptstadt München und den Städten Landshut, Regensburg, Bayreuth, Ansbach, Würzburg und Augsburg!

Einnorden der Karte

1. Wie heißen
   a) die Haupthimmelsrichtungen,
   b) die Nebenhimmelsrichtungen?
2. Zeichne eine Windrose!
3. Beschaffe dir einen Kompaß! Benenne seine Teile!
4. Bestimme mittels Kompaß Norden!

Fast alle Landkarten und auch Stadtpläne werden so gezeichnet, daß ihr oberer Rand nach Norden weist.
Ist dies nicht der Fall, so wird die Nordrichtung durch einen Pfeil ↗ angegeben. Und so norden wir die Landkarte ein:

Karte auf waagrechter Unterlage so lange drehen, bis ihr oberer Rand oder der Nordrichtungspfeil nach Norden weist.

1. Norde die Bayernkarte auf dieser Buchseite ein!
2. In welche Himmelsrichtung weist der rechte (linke, untere) Kartenrand?
3. Bestimme mit Hilfe einer Karte die Lage der Hauptstädte der bayerischen Regierungsbezirke zur Landeshauptstadt!

Kernwissen

Die Landkarte ist ein verkleinertes Abbild der Wirklichkeit. Der Maßstab gibt das Verhältnis der gezeichneten Längen zu den Längen in der Wirklichkeit an. Die Kartenzeichen ermöglichen uns das Kartenlesen. Es gibt topographische, physische und Sonderkarten.

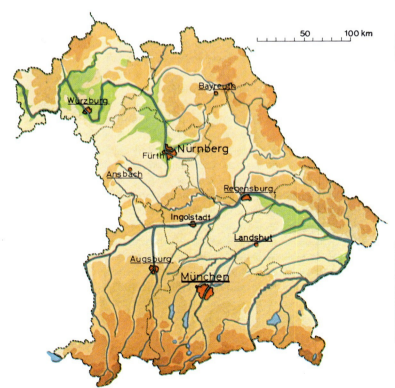

Unsere Erde

Die Gestalt der Erde

Blicken wir von einem Turm rundum auf das Land unter uns, so erscheint die Erde als eine kreisrunde Scheibe. Über uns wölbt sich halbkugelförmig der Himmel, wo Sonne, Mond und Sterne ihre Bahnen ziehen. Diese Beobachtung mag dazu geführt haben, daß einst die Menschen die Erde für eine riesige Scheibe hielten, die im Meer schwimme. Den Himmel sahen sie als den Sitz der Götter. Unter der Erde war die Unterwelt, die Hölle. Doch schon einige Jahrhunderte vor Christi Geburt erkannten griechische Gelehrte: Die Erde ist eine Kugel.

Beweise für die Kugelgestalt der Erde

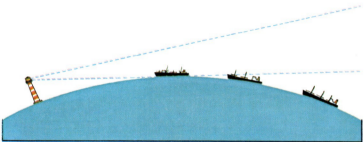

Die Skizze zeigt dir ein Schiff, das sich einem Seehafen nähert, in drei Einstellungen.
Veranschauliche dir den Vorgang mit Hilfe eines Papierschiffs und eines Medizinballes!

1. Du näherst dich als Schiffspassagier der Küste. Berichte über deine Beobachtungen!
2. Du hältst am Kai Ausschau nach einem Ozeandampfer. Was siehst du von ihm zuerst, zuletzt?
3. Stelle dir vor, die Erde wäre eine Scheibe. Welche Beobachtungen würdest du vom Land (vom Schiff) aus machen?

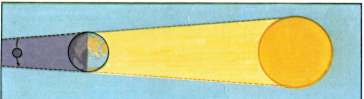

Stellung von Sonne, Erde und Mond bei einer Mondfinsternis

1. Erkläre nach der Skizze die Entstehung einer Mondfinsternis!
2. Welche Form hätte der Erdschatten, wenn die Erde würfel- oder scheibenförmig wäre?

Beweise für die Kugelgestalt der Erde durch Erdumsegelungen und Non-stop-Flüge:
1519–1521 umsegelte der portugiesische Seefahrer Magellan die Erde. Nach dreijähriger Fahrt kehrte er bei ständigem Westkurs wieder in den Ausgangshafen zurück.
Graf Zeppelin umkreiste 1929 in 20 Tagen die Erde.
Dem russischen Kosmonauten Gagarin glückte 1957 im Sputnik I die erste Erdumkreisung in einem künstlichen Satelliten in 96 Minuten.

Das Satellitenfoto der Erde läßt ebenfalls Schlüsse auf ihre Kugelgestalt zu.

Darüber solltest du berichten können!

Wie beweisen wir heute die Kugelgestalt der Erde?

Kernwissen:

Schon einige Zeit vor unserer Zeitrechnung wußten die Griechen um die Kugelgestalt der Erde. Verfolgt ein Beobachter vom Kai aus das Nahen eines Schiffes, sieht er zuerst dessen Schlote, dann erst den Schiffsrumpf. Schließlich erbrachten Seeleute, die die Erde umsegelten, Flieger, russische Kosmonauten und amerikanische Astronauten durch Non-stop-Flüge und Erdumkreisungen den Beweis für die Kugelgestalt der Erde.

Der Globus

ist eine verkleinerte Nachbildung der Erde. Er zeigt uns die Verteilung von Festland und Wasser auf der Erdkugel.

 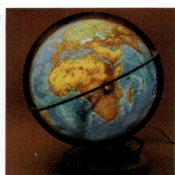

Erster Globus von Martin Behaim 1492   *Moderner Leuchtglobus*

Der **Nord-** und der **Südpol** sind zwei gedachte Punkte auf der Erdoberfläche, die durch die **Erdachse** verbunden sind.

1. Zeige auf einem Globus die großen Ozeane, die einzelnen Erdteile und benenne sie!
2. Gib die Lage der Ozeane zu den Kontinenten an!
   Z. B.: Der Stille Ozean liegt zwischen ....
   und ....
3. Zeige die beiden Pole auf dem Globus!

Um jeden Punkt auf der Erdoberfläche genau bestimmen zu können, wurde die Erde mit einem Netz gedachter Linien überzogen. Linien, die über beide Pole führen, heißen **Längenkreise** oder **Längengrade.** Sie werden auch **Meridiane** oder Mittagslinien genannt, da sie Orte miteinander verbinden, die zur gleichen Zeit Mittag haben. Der Nullmeridian führt durch die englische Sternwarte Greenwich. Wir zählen von ihm aus 180° (Grad) nach Westen (westliche Länge = w. L.) und 180° (Grad) nach Osten (östliche Länge = ö. L.).

1. Zeige auf dem Globus die Mittagslinien!
2. Zeige auf dem Globus 80° w. L., 60° ö. L.!

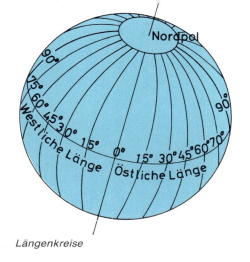
Längenkreise

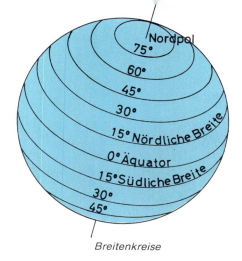
Breitenkreise

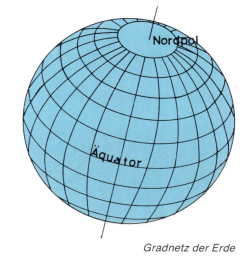
Gradnetz der Erde

3. Zwischen welchen Längenkreisen liegt dein Heimatort?
4. An welchem Meridian liegt München?
5. Welche Städte haben ungefähr zur gleichen Zeit Mittag wie Hamburg?

Linien auf dem Globus, die von Osten nach Westen verlaufen, heißen **Breitenkreise** oder **Breitengrade**.

1. Zeige auf dem Globus Breitenkreise!
2. Was kannst du von ihrer Länge sagen?
3. Vergleiche Längen- und Breitenkreise!
4. Zeige den längsten Breitenkreis!

Der längste Breitenkreis heißt **Äquator**. Er teilt die Erdoberfläche in zwei Hälften. Die Breitenkreise werden vom Äquator (0°) zu den beiden Polen hin gezählt. Nach Norden gibt es 90 Kreise nördlicher Breite (n. Br.), nach Süden 90 Kreise südlicher Breite (s. Br.).

1. Zeige Breitenkreise auf der nördlichen Halbkugel!
2. Zeige den 20. Breitenkreis auf der südlichen Halbkugel!
3. Durch welche Erdteile führt der 20. Breitenkreis n. Br.?
4. Bestimme ungefähr die n. Br. deines Heimatortes!
5. Liegt Deutschland auf der nördlichen oder auf der südlichen Halbkugel?

Längen- und Breitenkreise ergeben das **Gradnetz** der Erde, mit dessen Hilfe wir die geographische Lage jedes Punktes der Erde angeben können.

1. Bestimme mit deinem Nachbarn die geographische Lage von Regensburg, London, Rom!
Aufgabenmuster: Moskau: 37° ö. L., 56° n. Br.

2. Nenne einen Ort der Bundesrepublik Deutschland, der 10° ö. L. liegt!
3. Bestimme die geographische Lage deines Heimatortes!

Unsere Erde in Zahlen

Durchmesser	6378 km	Gewicht	6 Trill. Tonnen
Umfang	40 076 km	Erdbevölkerung	3,6 Milliarden
Oberfläche	510 Mill. qkm	Entfernung von der Sonne	150 Mill. km

4. Zeige an einem Globus den Erddurchmesser, den Umfang, die Oberfläche der Erde!

Darüber solltest du berichten können!

– Wie heißt die verkleinerte Nachbildung der Erde?
– Erkläre die Begriffe: Meridian, Äquator, Längen- und Breitenkreis!
– Wie wird die geographische Lage eines Punktes der Erdoberfläche bestimmt?

Kernwissen

Der Globus ist eine verkleinerte Nachbildung der Erde. Um jeden Punkt der Erde genau bestimmen zu können, überzog man sie mit einem Gradnetz. Es besteht aus 180 Breitenkreisen (n. Br., s. Br.), die parallel zum Äquator verlaufen und 360 Längenkreisen (w. L., ö. L.), die durch die beiden Pole führen. Die Länge des Äquators beträgt 40 076 km.

Oberflächenformen und ihre Entstehung

Tiefland – Hügelland – Mittelgebirge – Hochgebirge

Voralpengebiet, ein Hügelland

1. Die Bilder zeigen dir zwei Oberflächenformen Bayerns: Hügelland und Mittelgebirge.
   Beschreibe anhand der Bilder die Merkmale der beiden Oberflächenformen!
2. „Bayern ist ein Gebirgsland." Diese Aussage wird von vielen Touristen gemacht, die das Land Bayern besuchen. Prüfe anhand der Profilkarte und einer Atlaskarte nach, ob diese Aussage stimmt!

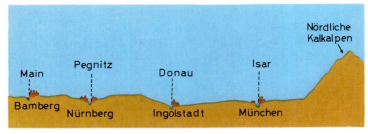

Nord-Süd-Profil Bayerns

Weite Teile Bayerns sind flaches **Hügelland**. Hügel, Hügelrücken, Mulden und Wannentäler prägen die Oberfläche eines Hügellandes.

Wasserkuppe in der Rhön

Kennzeichen des **Mittelgebirges** sind bewaldete Höhenzüge, langgestreckte Täler und einzelne Bergkuppen.

Das **Hochgebirge** ist durch steil aufragende Bergmassive, schroffe Bergspitzen und Felswände und tief eingeschnittene Täler gekennzeichnet. Die höchsten Erhebungen sind das ganze Jahr über mit Schnee und Eis bedeckt.

Das Wettersteingebirge, ein Hochgebirge

© Georg Westermann Verlag, Braunschweig

Die Oberflächenform **Tiefland** weist nur geringe Höhenunterschiede auf und liegt nur wenige Meter über dem Meeresspiegel (0–200 m). Sie prägt vor allem Norddeutschland, während flache Ebenen in Bayern als „Flachland" oder Schotterebenen (im Voralpengebiet) bezeichnet werden.

Tiefland in Schleswig-Holstein

Lechfeld bei Schwabmünchen

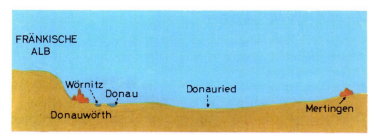

Nord-Süd-Profil

© Georg Westermann Verlag, Braunschweig

1. Welche Oberflächenform findest du in deinem Heimatraum? Beschreibe ihre Merkmale und zeichne ihr Profil auf! Das Profil und die Karte des Donautales bei Donauwörth können dir dabei helfen!

2. Baue aus Sand (im Sandkasten), Plastilin oder Lehm die Oberflächenformen Hügelland – Mittelgebirge – Hochgebirge! Karten aus deinem Atlas helfen dir!

3. Wo finden wir in Bayern Hügelland, Mittelgebirge, Schotterebenen und Hochgebirge? Benenne die Landschaft anhand einer Atlaskarte!

4. Dein Erdkundebuch enthält viele Bilder über Landschaften in Bayern, Deutschland und Europa. Schau die Bilder an und benenne die Oberflächenformen!

> **Darüber solltest du berichten können:**
>
> – Welche Oberflächenformen prägen das Land Bayern?
> – Welche Oberflächenform bestimmt die Landschaft deines Heimatraumes?
> – Durch welche Merkmale unterscheiden sich die Oberflächenformen?

Die Entstehung der Alpen

1. Du hast sicher bereits Bilder oder Filme über die Alpen gesehen. Berichte, welche Unterschiede das Alpengebiet zum Flachland aufweist!
2. Suche auf dem Atlas das Alpengebiet! Es läßt sich in drei Teile gliedern. Die Namen dieser drei Teile findest du im Atlas.
3. Jeder dieser drei Teile ist durch zwei Flüsse begrenzt. Suche sie!
4. Fertige zusammen mit deinem Nachbarn eine Grobkarte der Alpen! Klebe in diese passende Prospektbilder!

Die Alpen sind das mächtigste Gebirge Europas. In einem weiten, etwa 1200 km langen Bogen ziehen sich die Alpen vom Golf von Genua bis nach Wien hin. Von den höchsten Kämmen aus senken sich die Alpen nicht in gleicher Weise nach beiden Seiten. Im Norden und Nordwesten laufen sie langsam in die Hochflächen des Alpenvorlandes aus, während sie im Süden wie eine steile Mauer gegen die norditalienische Tiefebene abbrechen. Im Gegensatz zu den flacheren **Mittelgebirgen** sind die Alpen ein **Hochgebirge,** deren höchste Erhebung, der Montblanc, 4810 m aufragt. Wie mögen die Berge, in diesem Falle die Alpen, entstanden sein?

Hätte man – was natürlich nicht möglich war – diese Landschaft vor einigen Millionen Jahren fotografiert, hätte das Foto eine bis an den Horizont reichende Meeresfläche gezeigt. Die untenstehende Skizzenfolge und die beigefügten Stichwörter sollen euch helfen, selbst herauszufinden, wie die Alpen entstanden sind.

1. Schildere in Form eines Berichts die Entstehung der Alpen!

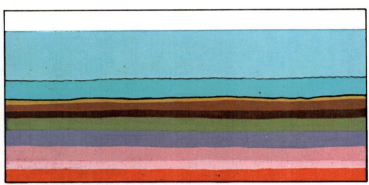

Stichwörter: vor Millionen Jahren – Meer – kalkschalige Meerestierchen – Ablagerungen – Bildung von Schichten

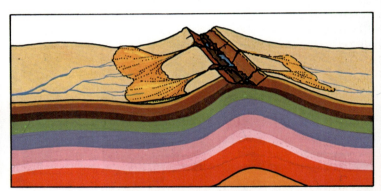

Stichwörter: Entstehung von Meeresmulden – Seitendruck – Stauchung und Verformung der Schichten

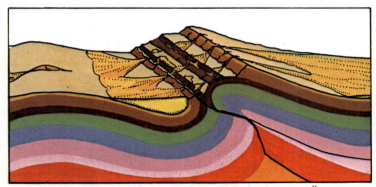

Stichwörter: Weiterer Seitendruck – Falten rissen – Überlagerung anderer Schichten

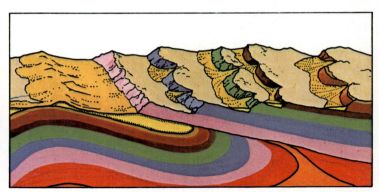

Stichwörter: Hochdrücken der gefalteten Schichten – vom Meer umspültes Gebirge

2. Hätten zur Zeit der Entstehung der Alpen bereits Menschen dieses Gebiet bewohnt, würden diese selbst nichts von der Entstehung der Alpen bemerkt haben. Ziehe aus dieser Behauptung deine Schlüsse!
3. Die Alpen sind durch Faltung von Schichten entstanden. Überlege, wie man ein auf diese Weise entstandenes Gebirge nennt!
4. In Europa gibt es noch einige weitere **Faltengebirge:**
   a) Pyrenäen
   b) Apenninen
   c) Karpaten
   Suche sie auf der Karte (Europa-Karte)!

a) Blick auf das Wettersteingebirge

Vor einigen hunderttausend Jahren waren die Alpen noch um einiges höher. Witterungseinflüsse trugen und tragen noch heute die Alpen Stück um Stück ab. Es wird, wenn auch erst in Jahrmillionen, die Zeit kommen, in der das Alpengebiet ebenso flach sein wird, wie das Alpenvorland. Dies wird hauptsächlich durch vier Faktoren, die die Abtragung der Alpen bewirken, hervorgerufen: Eis, Regen, Schnee und Wind.

1. Wie trägt das Regenwasser zur Verwitterung bei (zweifach)? Denke auch daran, daß das in die Gesteinsritzen eindringende Regenwasser nachts häufig gefriert!
2. Während im Nord- und Südteil der Alpen die oberen Schichten aus Kalkgestein bestehen, besteht der mittlere Teil der Alpen, die Zentralalpen, aus hartem Urgestein.
   a) Informiere dich über die Eigenschaften des Kalkgesteins!
   b) Überlege, welche Folgen die verschiedene Härte der einzelnen Schichten auf den Grund der Verwitterung in den einzelnen Gebirgsteilen haben wird!
   c) Vergleiche nebenstehende zwei Bilder.
   1. Erläutere die verschiedenen Berghöhen!
   2. Vergleiche die Bergformen!
   3. Vergleiche den Bewuchs!
   4. Welches Bild zeigt ein Mittelgebirge, welches ein Hochgebirge?

b) Tal der kl. Wiese im Schwarzwald

Darüber solltest du berichten können!

Wie sind die Alpen entstanden?
Welche Art von Gebirge sind die Alpen?
In welchem Zeitraum sind die Alpen entstanden?
Welche anderen Faltengebirge gibt es in Europa?
Welche Faktoren bedingen die Abtragung und Verwitterung der Alpen?

Kernwissen

Die Alpen sind das mächtigste Gebirge Europas. Sie sind ein Hochgebirge. Ihre Entstehung ist auf Jahrmillionen dauernde Kalkablagerungen von abgestorbenen Meerestierchen und auf Faltung von Gesteinsschichten zurückzuführen. Die Pyrenäen, der Apennin und die Karpaten sind ebenfalls Faltengebirge. Eis, Wind, Regen und Schnee sind einst wie heute die Faktoren, die die Verwitterung von Gebirgen bewirken.

Spuren der Eiszeit

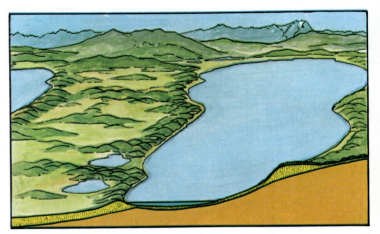

1. Die oberbayerischen Seen sind Überbleibsel der Eiszeit. Versuche anhand der Skizzenfolge ihre Entstehung zu erklären. Einige Stichworte sollen dir dabei helfen: Vordringen der Gletscher – wärmere Temperaturen – Schmelzen der Gletscher – Wasser und Moränen als Rückstände.
2. Stelle die Namen der oberbayerischen Seen anhand deines Atlasses fest!
3. Einige dieser Seen besitzen Abflüsse. Suche sie!
4. Das Profil vom Wettersteingebirge bis zur Landeshauptstadt München zeigt dir, wie weit die Gletscher ins Voralpengebiet vorgedrungen sind und welche Ablagerungen sie nach dem Schmelzen hinterlassen haben.
5. Die steil zum Himmel ragende Matterhornspitze ist nicht nur durch Auffaltung entstanden. Welche anderen Naturkräfte waren hier am Werk?

Zermatt mit Blick auf das Matterhorn

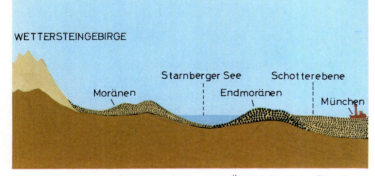

Wasser (Starnberger See) und Moränen als Überbleibsel der Eiszeit

Vor mehreren hunderttausend Jahren war die Temperatur in unserer Heimat um einige Grade niedriger als heute. Der niederfallende Schnee schmolz im Sommer nicht mehr ab. An etwas wärmeren Tagen taute der Schnee ein wenig, um nachts zu Eis, dem Firn, zu gefrieren. Durch das Auffallen immer neuer Schneemassen wurde der **Firn** stark zusammengedrückt. Der Druck preßte den Firn zu **Gletschereis.** Ungeheuer ist das Gewicht des Gletschereises. Während 1 m³ Neuschnee etwa 90 kg wiegt, beträgt das Gewicht eines m³ Gletschereises etwa das Zehnfache.

Da es in den Alpen heute noch **Gletscher** gibt, kann man das Verhalten des Gletschers genau verfolgen. Es zeigt sich, daß die Gletscher- und Firnschichten nicht – wie man annehmen könnte – immer dicker werden. Das Eis bewegt sich im **Nährgebiet** am Grund des Gletschers langsam talwärts. Im **Zehrgebiet** beginnt das Gletschereis allmählich zu schmelzen und rutscht weiter. Dabei verändert der Gletscher die Gestalt des unter ihm liegenden Grundes.

Gletscher mit Nähr- und Zehrgebiet

1. Erkläre die beiden Begriffe Nähr- und Zehrgebiet des Gletschers!
2. Der Gletscher rutscht mit seinem ungeheuren Gewicht zu Tal. Dabei hobelt er vom Grund Gestein ab und befördert es zu Tal. Im Laufe der Jahrtausende vermögen die Gletscher tiefe Täler, sog. **Trogtäler,** in das Bergmassiv einzuschleifen. Betrachte das Foto und erkläre mit eigenen Worten die landschaftsverändernde Wirkung der Gletscher!

Trogtal (Lauterbrunner Tal im Berner Oberland)

Darüber solltest du berichten können!

Wie entsteht ein Gletscher?
Was bedeuten die Begriffe Nähr- und Zehrgebiet eines Gletschers?
Wie veränderten die Gletscher im Laufe der Jahrtausende das Aussehen der Alpen?
Wie sind die oberbayerischen Seen entstanden?
Wie heißen die oberbayerischen Seen und welche Abflüsse besitzen sie?
Was ist unter einem Tiefland zu verstehen?

Kernwissen

Gletscher entstehen durch das erneute Gefrieren geschmolzenen Schnees, wobei die dabei entstehenden stetig wachsenden Firnschichten die unteren Firnschichten zu Eis pressen. Im Nährgebiet rutschen die Gletscher langsam zu Tal und reißen dabei Gestein (Moränen) mit sich. Dieser Vorgang bewirkt eine Veränderung der Landschaft (Täler). Während der Eiszeit drangen die Gletscher weit in das Alpenvorland vor und veränderten seine Gestalt völlig. Die oberbayerischen Seen sind ein Überbleibsel der Eiszeit.

Ablagerung und Abtragung

Wer durch die Po-Ebene Italiens fährt, sieht ein gewaltiges Beispiel der ablagernden Tätigkeit des Wassers. Seit Jahrmillionen führten und führen Jahr um Jahr die Alpenflüsse, die in den Po münden, ungeheure Geröll- und Schlamm-Massen aus den Alpen in die Ebene hinab. Aus ihnen bildete sich das oberitalienische Tiefland. Diese Ablagerungen haben in den letzten Jahrtausenden auch bewirkt, daß der Po an vielen Stellen höher liegt als das umliegende Tiefland. Darum mußte der Mensch Dämme bauen, um dem Po ein vorgezeichnetes Flußbett zu geben und sich so vor Überschwemmungen zu schützen. Im Mündungsgebiet entsteht durch die Ablagerungen jedes Jahr ungefähr ein Quadratkilometer Neuland.

1. Wasser und Wind sind Kräfte, die von außen wirken und die Oberfläche der Erde gestalten. Sie können den Erdboden abtragen und zugleich an einer anderen Stelle ablagern. Welche Kräfte waren bei den Landschaften am Werk, die du auf den Bildern siehst? Haben sie den Erdboden abgetragen oder abgelagert? Woran kannst du Veränderungen erkennen?
2. Kennst du Beispiele der Abtragung oder Ablagerung durch Wasser und Wind in deinem Heimatraum? In der Nähe eines Baches oder Flusses, aber auch nach einem starken Gewitterregen kannst du in deiner nächsten Umgebung Abtragung oder Ablagerung durch die Naturkräfte Wasser und Wind feststellen.
3. Auch das Eis wirkt auf die Erdoberfläche ein und verändert sie. Beispiele hast du im vorhergegangenen Kapitel kennengelernt. Was bedeutet der Satz „Eis kann Felsen sprengen"?

1. Suche auf der Italienkarte den Po! Betrachte seine Mündung auf dem Bild! Was fällt dir auf?
2. Alpenflüsse wie der Lech, die Isar oder die Tiroler Ache schleppen besonders zur Zeit der Schneeschmelze Geröll und Sand mit. Verfolge den Lauf der Flüsse auf einer Karte. Wo lagern diese Flüsse das Geröll ab?

Kiesgrube im Donauried

"Monte Kaolino"

Ein Baggersee wird zum Badesee

Wasserstau durch Wehre

1. Die Bilder zeigen dir Abtragung und Ablagerung durch den Menschen. Findest du ähnliche Beispiele in deinem Heimatraum? Wie sind sie entstanden?
2. Was geschieht beim Straßenbau, wenn unübersichtliche Kurven begradigt werden?

Der Mensch verändert durch Abtragung und Ablagerung die Erdoberfläche. Die Folgen der Kiesgewinnung im Alpenvorland und in der Donauebene sind die vielen Baggerseen. Der Abbau von Ton, Sand u. a. führt zu Erdaufschlüssen, die uns auch den Aufbau der Gesteinsschichten zeigen. Solche Aufschlüsse finden wir fast überall in Bayern. In Bergwerksgebieten sind durch den Abraum unbrauchbarer Erdschichten riesige Halden entstanden. Die bekannteste Abraumhalde in Bayern ist der "Monte Kaolino" bei Hirschau in der Oberpfalz. Er wird als Freizeitraum (Skifahren im Sommer) genützt. Eine ähnliche Nutzung fand der Schutt der im Krieg zerstörten Großstädte. So wurde das Rosenaustadion in Augsburg auf einem riesigen Schuttberg angelegt.

Durch die Eingriffe des Menschen in die Erdoberfläche entstehen häufig Schäden in der Natur. Deshalb versucht man durch Aufschüttung von Humusboden und durch Anpflanzung Baggerseen und Erdaufschlüsse zu rekultivieren. So sind schon viele Baggerseen in Badeseen oder Fischweiher verwandelt worden.

1. Auch durch Stauseen, Talsperren oder Staustufen an Flüssen wird die Landschaft verändert. Beispiele findest du im Voralpengebiet, an der Donau und am Main. Welche Aufgaben erfüllen Stauseen und Staustufen an Flüssen?

Darüber solltest du berichten können!

– Was versteht man unter Abtragung und Ablagerung?
– Welche Formen der Abtragung und Ablagerung schaffen die Naturkräfte Wasser, Wind und Eis, welche der Mensch?
– Was heißt Rekultivierung?
– Was versteht man unter Abraumhalde, Aufschluß, Baggersee, Schuttberg?

Höhlen – steile Felsen

Alljährlich kommen Tausende von Touristen, um diese Wunderwerke der Natur zu besichtigen. Besonders beeindruckend sind die **Tropfsteinhöhlen**. Unablässig tropft Wasser von der Decke. Der Boden und die Decke sind mit unzähligen formenreichen Tropfsteinen bedeckt. Die bekannteste Tropfsteinhöhle in Bayern ist die Teufelshöhle. Wie mag sie entstanden sein? Anhand einer Skizzenfolge sollst du selbst herausfinden, wie sie entstanden ist. Der Fränkische Jura besteht in seiner obersten Schicht aus Kalkstein. Dieser ist weich, wasserlöslich und wasserdurchlässig. Dies mußt du bei deinen Überlegungen beachten.

1. Besonders im Nordteil des Fränkischen Juras finden wir Tropfsteinhöhlen und steile Felstürme. Man bezeichnet dieses Gebiet als die Fränkische Schweiz. Versuche diesen Namen zu erklären!
2. Ebenso wie die Fränkische Schweiz wird der übrige Jura von einer mächtigen Kalkdecke überzogen. Zur Entstehung dieser Decke waren viele Millionen Jahre nötig. Wenn du dich daran erinnerst, was du über die Entstehung der Kalkalpen erfahren hast, wird es dir nicht schwer fallen, herauszufinden, wie diese Kalkdecke entstanden ist. Berichte!

Die einstmals nahezu im ganzen Gebiet der Fränkischen Alb gleich mächtige Kalkdecke ist heute nicht mehr erhalten. An manchen Stellen ist sie fast völlig abgetragen, an anderen teilweise. Der Grund hierfür liegt in der **Verwitterungstätigkeit** des Wassers und in der Beschaffenheit des Kalksteins. Er ist verhältnismäßig weich. In die von Rissen und Sprüngen durchsetzte Kalkdecke dringt Wasser ein. Dabei löst sich Kalk ab. Dieser löst sich im Wasser. Es entstehen Risse, die sich ständig vergrößern. Der im Wasser gelöste Kalk gelangt durch Versickern in tiefer gelegene Schichten, wo Höhlen ausgewaschen werden. Zurück bleibt eine feine Kalkschicht. Dieser Vorgang wiederholt sich fortwährend. Im Laufe der Zeit bilden sich auf diese Weise große Kalkzapfen, die Tropfsteine. Sie entstehen somit auf ähnliche Weise wie der Kesselstein in euren Töpfen daheim.

Felstürme in der Fränkischen Schweiz bei Pottenstein

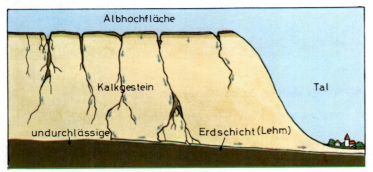

a) Wasser dringt in die rissige Kalkdecke ein und wäscht die Risse aus

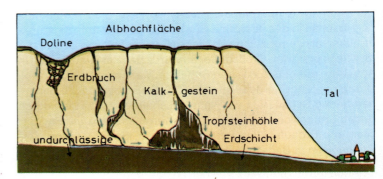

b) Hohlräume (Höhlen) entstehen durch die Auswaschung. Durch Wasserverdunstung bilden sich Tropfsteine.
An manchen Stellen bricht die Kalkdecke ein und bildet eine Erdmulde (Doline).

Daneben hat das Flußwasser in den vergangenen Jahrtausenden am sichtbarsten dazu beigetragen, die Landschaft der Fränkischen Alb zu verändern. Es schnitt tiefe Gräben in die Kalkdecke.

1. Suche auf deinem Atlas das Gebiet der Fränkischen Alb. Suche die Namen der größeren Flüsse, die die Landschaft veränderten.
2. Die Bauern auf den Hochflächen der Fränkischen Alb führen ein ärmliches Dasein. Der Boden ist karg. Vor allem mangelt es an Wasser. Dies liegt an der Beschaffenheit des Kalksteins. Erkläre!
3. Die Bauern der Hochflächen suchen durch technische Anlagen den Wassermangel zu lindern. Betrachte nachfolgende Skizze. Sprich über die Aufgaben der **Pumpstation**!

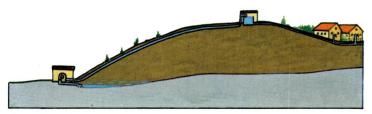

Pumpwerk in der Alb

4. Das Errichten einer Pumpstation kostet viel Geld. Ein Bauer allein könnte nicht das nötige Geld für die Errichtung eines Pumpwerkes aufbringen. Wie mögen sich die Bauern der Alb-Dörfer geholfen haben?

Darüber sollst du jetzt berichten können!

Wie entstanden Höhlen und die steilen Felswände der Fränkischen Schweiz?
Welche Eigenschaften besitzt das Kalkgestein?
Wie hat das Wasser die Landschaft der Fränkischen Alb geformt?
Welche Auswirkungen hat das Kalkgestein auf die Landwirtschaft der Albbauern?
Wie suchen die Bauern ihre naturbedingte mißliche Lage zu verringern?

Kernwissen

Die Fränkische Alb ist mit einer weichen, wasserdurchlässigen Kalkdecke überzogen. In diese dringt Wasser ein und löst den Kalk. Es entstehen Risse und Höhlen. Da Teile des Kalkwassers verdunsten, bleiben feine Kalkschichten zurück. Im Laufe der Zeit entstehen auf diese Weise Tropfsteine. An manchen Stellen der Fränkischen Alb haben Flüsse die Kalkdecke schon völlig abgetragen.
Bedingt durch die Wasserdurchlässigkeit des Bodens ist der Ackerboden karg. Der Wassermangel wurde in den letzten Jahrzehnten durch den Bau von Pumpstationen, die das Wasser vom Tal auf die Hochflächen transportieren, gelindert.

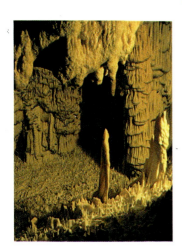

Im Innern einer Tropfsteinhöhle. „Adelsberger Grotte" im jugoslawischen Karst

Versteinerung (Ammonit)

Vulkanismus

1. Lies in einem Lexikon über die Bedeutung des Wortes „Vulkanismus" nach!

2. Suche auf der geologischen Karte Deutschlands ehemalige vulkanische Gebiete!

Der Parkstein in der Oberpfalz

Eifel-Schalkenmehrer Maar

Der Kulm in der Oberpfalz

Zeugen für einstige vulkanische Tätigkeit in unserer Heimat sind der Kulm und der Parkstein in der Oberpfalz, die Hegauberge im Bodenseegebiet, der Kaiserstuhl in der Oberrheinischen Tiefebene, der Vogelsberg in der Rhön und die Rhön selbst; aber auch die **Maare** in der Eifel.

– Suche die aufgeführten Berge und das Maar auf einer Deutschlandkarte! Welche davon liegen in Bayern? Bestimme ihre Höhe!
  Sprich dich über die Form des Kulm in der Oberpfalz aus!
– Suche auf der Karte die Eifel!
  7° w. L.; 50½° n. Br.

Wie entstehen feuerspeiende Berge oder Vulkane?

Wollen wir darauf die Antwort finden, müssen wir uns erst ein Bild von der Entstehung unserer Erdkugel verschaffen.
Vor mehr als acht Milliarden Jahren hat sich unsere Erde als riesige Gaswolke aus der Sonne herausgelöst. Sie bewegte sich mit ungeheurer Geschwindigkeit, wobei sich das Gas im Lauf von rund drei Milliarden Jahren zu Materie verfestigte. Es bildeten sich feuerflüssige Gesteine und Metalle. Allmählich entstand unsere Erdkugel; jedoch noch ein Feuerball, ähnlich der Sonne. In ihrem Erdkern herrscht der größte Druck und die höchste Temperatur. Wissenschaftler schätzen sie auf mindestens 10 000 Grad Celsius. Immer wieder stiegen aus dem Innern des rot- und weißglühenden Erdballs Gasblasen auf, zerplatzten an der Erdoberfläche. Dabei erkaltete das mitgeführte feuerflüssige Gestein (Magma) und bildete allmählich die Erdkruste.
Die einzelnen Schichten der Erde kannst du der Skizze entnehmen.

1. Welche Stärke weist die Erdkruste auf? Vergleiche mit dem Erddurchmesser!
2. Woraus besteht der Mantel?
3. Nenne die beiden Metalle, die den Erdkern bilden!

Die erstarrte Erdkruste bewegt sich ganz langsam, von uns unbemerkt auf dem Erdmantel. Durch die Bewegung entstehen in der Erdkruste Brüche, in die **Magmamassen** einströmen und Magmaherde bilden. Von hier aus bahnt sich das Magma unter dem gewaltigen Druck der Gase und der Erdkruste in **Schloten** oder Spalten den Weg an die Oberfläche der Erde. Entweichen beim Emporsteigen die Gase, so gelangt das gasarme Magma, **Lava** genannt, als glühender Strom bei einer Temperatur von 1000 Grad Celsius an die Erdoberfläche und ergießt sich über die benachbarte Landschaft. Der zu **Basalt** erstarrte Lavaguß bildet einen **Schildvulkan.**
Es gibt aber auch reine **Gasexplosionen.** Die im Magmaherd entstandenen Gase sprengen explosionsartig einen trichterförmigen Gang durch die Erdkruste. Eine Glutwolke von ungefähr 800 Grad Celsius bricht aus dem Erdinnern hervor.
1903 vernichtete eine derartige Glutwolke in wenigen Minuten die Stadt Saint Pierre auf Martinique mit 26 000 Einwohnern.
Das bei der Explosion mitgerissene und emporgeschleuderte Gestein fällt meist wieder in den **Krater** zurück, schließt ihn ab. Die Mulde innerhalb des Kraterrandes füllt sich mit Wasser. Auf diese Art entstanden in der **Eifel** die rundlichen Seen, **Maare** genannt. Siehe Seite 22!

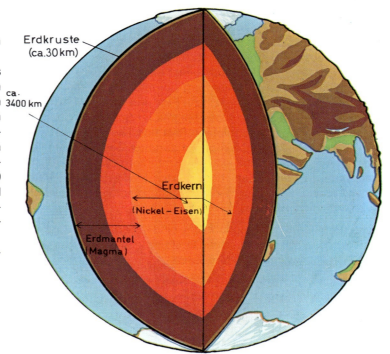

Schalenförmiger Aufbau der Erdkugel

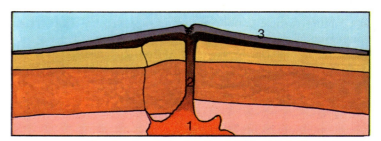

Schildvulkan: 1 Magmaherd, 2 Vulkanschlot, 3 Lavaguß

Am häufigsten speit der Vulkan Gasmassen und Magma gleichzeitig aus. Das Gas des Magmas bahnt sich einen Weg durch eine Bruchstelle der Erdkruste. Die heiße Gaswolke drückt das feste Gestein vor sich her, bringt es um sich zum Schmelzen, formt einen Schlot. Die Erde erbebt und öffnet sich bald darauf als Vulkan. Wasserdampf und zu vulkanischer Asche zerstäubtes Magma bilden über dem Krater des Vulkans eine schildförmige Wolke.

Asche und Felsbrocken, die beim Vulkanausbruch in die Luft geschleudert wurden, fallen zur Erde und wachsen um die Schlotöffnung zu einem Berg, der den Vulkankrater umschließt. Nun quillt aus dem Magmaherd durch den Schlot der feuerflüssige **Gesteinsschmelzfluß,** füllt den Krater, läuft über dessen Rand, fließt außen den Kraterberg herunter und erstarrt. Eine Schicht vulkanischer Asche fällt zur Erde und lagert sich auf dem erstarrten Magma. Erstarrt das Magma im Schlot, erlischt der Vulkan. Bleibt aber im Schlot ein Rest flüssigen Magmas, wird der Vulkan wieder tätig, wenn sich darunter Gas angesammelt hat. Der Ablauf wiederholt sich. Der Kraterberg besteht dann abwechselnd aus einer Schicht erstarrten Magmas und vulkanischer Asche. Diese Vulkane nennt der Vulkanologe Stratovulkane oder **Schichtvulkane.**

Rund drei Viertel der Erdoberfläche sind mit erkaltetem Gestein bedeckt, das als feuerflüssiger Gesteinsschmelzfluß aus über 10 000 Vulkanen geschleudert wurde.

Außer Island, dem großen Vulkangebiet der Erde, gibt es in Europa nur noch in Italien tätige Vulkane.

Suche Ätna, Stromboli und Vesuv auf der Italienkarte (Süditalien)!

Den Ausbruch eines Vulkans kannst du dem nachfolgenden Bericht der „Donau-Zeitung" vom 24. 1. 1973 entnehmen.
Nach wissenschaftlichen Berechnungen lag der letzte Ausbruch des „Helgafjelud" – des „heiligen Berges" von Island – 4000 bis 5000 Jahre zurück. In der Nacht zum Dienstag um zwei Uhr erleuchtete dann plötzlich ein riesiger Feuerschein den Himmel, die Erde bebte. Die Insel wurde durch vulkanische Gase auf 1600 m aufgerissen. Aus mehr als 15 Kratern schossen Lavafontänen 300 Meter hoch. Wie durch ein Wunder flossen die Lavamassen jedoch nicht in Richtung auf die nur zwei Kilometer entfernte Hafenstadt Vestmaneyjar, sondern an der Ortschaft vorbei über den Flugplatz ins Meer.

Vom Hubschrauber aus wurde beobachtet, wie sich eine riesige Erdspalte bildete, die gegen Morgen etwa drei Kilometer lang war. Entlang der von Süden nach Norden verlaufenden Erdspalte schoß Lava aus 20 bis 30 verschiedenen Erdlöchern hervor. Steine und Asche wurden Hunderte von Metern in die Höhe geschleudert. Etwa drei Stunden nach dem Vulkanausbruch regnete es über der Insel Bimsstein, wie es schon bei früheren Vulkanausbrüchen in Island vorgekommen ist. Ein Augenzeuge berichtete, der Bimsstein aus dem Vulkan schlage wie Hagel auf die Dächer. „Es klingt wie ein heftiger Regenguß", sagte er.

Island, Westermännerinsel Heimaey, Vulkan Helgafjelud

Mehr als 200 000 Kubikmeter Asche fielen auf Vestmaneyjar, den wichtigsten Fischereihafen Islands. Der östliche Ortsteil liegt unter einer sechs Meter hohen schwarzen Aschenschicht begraben. Haupt- und Nebenkrater haben einen neuen Berg von 130 Meter Höhe aufgeschüttet. Ströme von zähflüssiger Lava ergießen sich ins Meer, etwa 80 Kubikmeter pro Sekunde. Sie haben neues Land von etwa einem Quadratkilometer Größe entstehen lassen.

Darüber solltest du berichten können!

- Wie ein Schildvulkan entsteht.
- Vulkane bringen Tod und Verderben.
- Unterschied zwischen einem tätigen, ruhenden und toten Vulkan.
- Erkläre die Begriffe: Magma, Lava, vulkanische Asche, Magmaherd, Schlot, Schildvulkan, Schichtvulkan, Krater!

Kernwissen

Die Erde besteht aus einer 10–30 km starken Erdkruste, dem Erdmantel aus Magma und dem Erdkern. Bahnt sich das Magma einen Weg an die Erdoberfläche, entstehen Vulkane. Der Ausfluß von Lava (gasarmes Magma) bildet Schildvulkane. Magma- und Gasausfluß bedingen die Bildung von Schichtvulkanen, reine Gasexplosionen bilden Maare. Die bekanntesten europäischen Vulkane sind Ätna und Vesuv. Drei Viertel der Erdoberfläche entstanden durch Vulkane. Kulm und Parkstein sind Zeugen für ehemalige vulkanische Tätigkeit in Bayern.

Erdbeben

1. Was sagt dir das Wort „beben"?
2. Hast du selbst schon ein Erdbeben erlebt? Berichte über deine Beobachtungen!
3. Laß dir von Verwandten über Erdbeben im süddeutschen Raum erzählen!
4. Entnimm der Skizze die wichtigsten Erdbebengebiete in den beiden Teilen Deutschlands! Wo werden hier die häufigsten Beben verzeichnet? Achte auf die Dichte der Schraffen!
5. Beschreibe mit Hilfe der Karten in deinem Atlas den Verlauf der Erdbebengürtel unserer Erde! Gib die Namen der Landschaften und Staaten an!

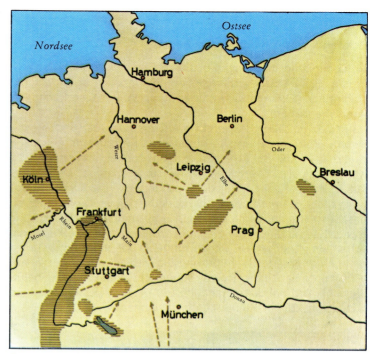

Erdbebengebiet ↑ Ausstrahlungsrichtung der Beben.

Erdbebengebiete der Erde

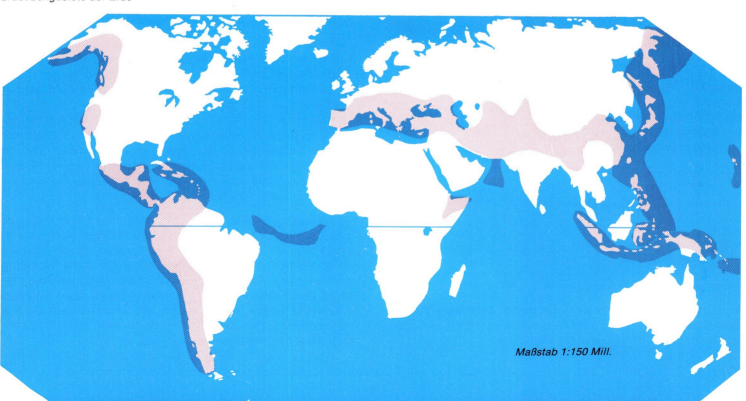

Entstehung örtlich begrenzter Beben

Erdbeben sind die Folge plötzlicher Erschütterungen der Erdkruste. Sie werden verursacht durch Einbruch unterirdischer Hohlräume (**Einsturzbeben**) oder durch Vulkanausbrüche (**vulkanische Beben**).

Neun Zehntel aller Beben auf der Erde sind aber **tektonische Beben**. Wie entstehen sie? Unter der Erdrinde sind gewaltige Kräfte am Werk. Sie schieben, biegen, dehnen und pressen. Es werden selbst die härtesten Gesteinsmassen gebogen oder gefaltet. Dies vollzieht sich jedoch so langsam, daß wir die Bewegung nicht wahrnehmen. Bricht aber dann eines Tages plötzlich das Gestein unter dem riesigen Druck, erhält die Erdoberfläche Risse. Es entstehen Gleitflächen, an denen sich die Gesteinsschichten verschieben (Verwerfungen). Der Vorgang löst eine heftige vibrierende Erschütterung aus, die wir Erdbeben nennen. 1906 wurde San Francisco von einem schweren Erdbeben heimgesucht. Der dabei entstandene Riß der Erdkruste hatte eine Länge von 435 km. Suche Vergleichslängen!

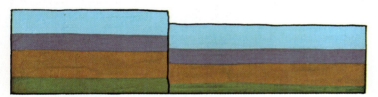
Verwerfung

Vom Herd des Bebens pflanzt sich die Erschütterung im Gestein wellenförmig fort. So liegt auch Bayern im Ausstrahlungsgebiet eines oberitalienischen Erdbebenzentrums.
In Observatorien zeichnen **Seismographen** selbständig Stärke und Dauer eines Bebens auf.

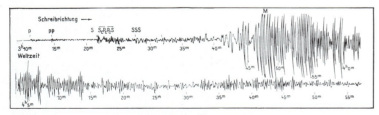
Seismogramm des japanischen Bebens von 1923

In Stuttgart befindet sich einer der besten Seismographen der Erde. Das Gerät wiegt 6 Tonnen, ist fest mit der Erde verbunden und mißt Beben im Umkreis von 20 000 km.

Die **Stärke der Beben** wird nach einer zwölfteiligen Skala gemessen.

Stärke	Auswirkung
5	aufgehängte Gegenstände pendeln
6	Bilder fallen von der Wand
9	Häuser stürzen ein

Seebeben sind Erdbeben unter dem Meer, die für die angrenzenden Küstengebiete verheerende Auswirkungen haben. So wurde 1755 Lissabon von einer 13 m hohen Flutwelle zerstört.

Bericht von den verheerenden Folgen eines Bebens

Tod – Grauen – Verzweiflung in den Trümmern von Managua

Managua (ddp). Das Weihnachtsfest 1972 wurde für über 300 000 Menschen zu Tagen des Schreckens, der Verzweiflung und der Zerstörung. Die Hauptstadt des mittelamerikanischen Staates Nicaragua wurde durch ein verheerendes Erdbeben einen Tag vor Heiligabend fast vollständig zerstört. Berichten der Behörden zufolge wurden über 3000 Tote aus den Trümmern geborgen. Keine Rettung mehr gab es auch für weitere Tausende, die unter den zerstörten Häusern begraben wurden. Mittlerweile liefen für die Überlebenden Hilfsaktionen in der ganzen Welt.

Bericht des Ingenieurs Pherson, der die Katastrophe überstand:
„Meine Frau schrie plötzlich auf, als unsere Wohnung von dem Beben erfaßt zu schwanken begann. Bilder fielen von der Wand, Tische, Stühle, Schränke, das gesamte Mobiliar wurde im ganzen Raum verstreut, der Putz fiel von der Decke und den Wänden, die Dielen knarrten. Mit Mühe konnte ich die verklemmte Wohnungstür öffnen. Aus den benachbarten Häusern ertönten Schreie und Hilferufe Verschütteter, die lebend begraben waren. Wie im Trauma irrten Menschen in den von Häusertrümmern, Möbeln und Hausrat teilweise versperrten Straßen umher. Sie konnten das jähe Unglück nicht fassen."

Für die noch unter den Trümmern verschütteten Menschen gab es drei Tage nach dem Inferno keine Rettung mehr. Verwesungsgeruch erfüllte die Luft. Die Gefahr der Entstehung von Seuchen war bei der herrschenden Hitze so groß, daß sich die Regierung von Managua zu der radikalen Maßnahme der Sprengung entschloß. Die Stadt wurde dem Erdboden gleichgemacht. Es wurde erwogen, Managua, das in diesem Jahrhundert bereits dreimal von Erdbeben schwer betroffen wurde, an anderer, lebenssicherer Stelle wieder aufzubauen.

Suche Managua auf der Landkarte auf! Seine Lage im Gradnetz: 87° w. L., 12° n. Br.

Immer wieder bebt die Erde

Die Zahl der jährlichen Beben wird auf rund 50 000 geschätzt. Etwa fünf davon wirken sich katastrophal aus.

Die größte Erdbebenkatastrophe der jüngsten Vergangenheit ereignete sich im Mai 1960 in Chile. Acht Tage lang wurde das Land von Erdstößen heimgesucht. Flutwellen verwüsteten die Küstengebiete. Verschiedene Teile des Landes senkten sich um 50 Meter.
Die häufigsten Erdbeben weist Japan auf. Fast täglich werden kleinere Beben in den Observatorien verzeichnet, die meist keinen oder nur geringen Sachschaden verursachen. 1923 vernichtete jedoch ein Beben die Städte Tokio und Jokohama fast vollständig. 150 000 Tote forderte die Naturkatastrophe.

Aufräumungsarbeiten nach dem Erdbeben in Managua

2. Wie kann die Gefahr des Bebens durch entsprechenden Wohnungsbau eingedämmt werden?
3. Führe Gründe an, warum nach einem Erdbeben frühzeitig mit den Aufräumungsarbeiten begonnen werden muß!

Verwüstungen im italienischen Erdbebengebiet Osoppo und Gemona (Mai 1976)

Im letzten Jahrhundert richteten die Beben im deutschen Raum nur Gebäudeschäden an.

1. Welche Folgen hat ein Beben für den Verkehr und die Versorgung der Menschen?

Darüber solltest du berichten können!

– Es gibt mehrere Arten von Erdbeben.
  Zähle sie auf und berichte über ihre Ursachen!
– Erdbeben wirken sich katastrophal für die Menschen aus.
  Denke an ihr Leben, Gesundheit, Versorgung, Arbeit!
– Nenne die bekanntesten Erdbebengebiete der Bundesrepublik Deutschland!
– Was ist ein Seebeben?

Kernwissen

Erdbeben entstehen durch Veränderungen auf der Erdoberfläche oder im Erdinnern. Es gibt örtlich begrenzte und tektonische Beben. Zu den örtlichen gehören: Einsturzbeben und vulkanische Beben.
Die Beben pflanzen sich wellenförmig fort. Die Stärke und Dauer eines Bebens wird mit Seismographen gemessen.
Erdbeben verändern durch Verwerfungen die Oberfläche der Erde.

Das Oberrheintal, ein Grabenbruch

1. Verfolge den Lauf des Rheins von der Quelle bis zur Mündung! Welche Länder haben Anteil am Rhein?
2. Das Oberrheintal reicht von Basel bis Mainz.
   a) Bestimme seine Länge! Suche Vergleichszahlen!
   b) Welche Gebirgszüge grenzen das Oberrheintal im Norden, im Süden ab?
   c) Nenne die Gebirgszüge, die das linke (rechte) Ufer des Oberrheins säumen!
   d) Bestimme die durchschnittliche Breite des Oberrheintals!
   e) Trage die unter 2. erarbeiteten Ergebnisse in einer Skizze ein!
3. Bestimme den Höhenunterschied zwischen den Randgebirgen und der Talsohle des Oberrheintals!
4. Ermittle Lage und Höhe des Kaiserstuhls!

Wie der Oberrheingraben entstanden ist

Selten erfolgen die Bewegungen der Erdkruste so schnell, daß sie wie bei einem Erdbeben mit freiem Auge wahrnehmbar sind. Meist vollziehen sie sich sehr langsam und können nur mit Meßgeräten festgestellt werden. Die Bewegung der Erdkruste, wie sie sich in sehr langen Zeitabschnitten abspielt, können Wissenschaftler aber auch aus der Lagerung der Erd- und Gesteinsschichten ablesen. Ein eindrucksvolles Beispiel ist der Oberrheinische Grabenbruch.

Vor rund 20 Millionen Jahren dehnte sich zwischen Bayerischem Wald und der oberen Donau bis weit nach Frankreich das Jurameer. Es lagerte über dem Granit nacheinander Gesteinsschichten ab, wie du der Skizze entnehmen kannst.

Die Schichten lagen waagrecht übereinander. Nachdem das Meerwasser verdunstet oder versickert war, breitete sich an seiner Stelle eine weite Ebene aus, die kein Höhenzug und kein Grabenbruch unterbrachen. Da heute Teile dieser einstigen Ebene 800 m über dem Meeresspiegel des einstigen Jurameeres liegen, wissen wir, daß das Land durch Kräfte aus dem Erdinnern gehoben wurde. Es entstand ein über mehrere hundert Kilometer flacher Gebirgsbogen. Das starre Gestein konnte sich nicht dehnen, weshalb in der Erdkruste Risse entstanden, die zur Bildung riesiger Schollen führten. Am Rand des heutigen Oberrheinischen Grabens wurden Schollen emporgehoben, während die dazwischen liegenden Schollen an zwei uralten Spalten im Grundgebirge entlang 3000 Meter in die Tiefe sanken. An einzelnen Stellen quoll im Graben Magma aus dem feuerflüssigen Erd-

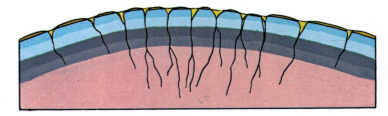

Entstehung des Oberrheingrabens

mantel an die Oberfläche, erstarrte und bildete Vulkankegel. Zeuge dieses Vorgangs ist der Kaiserstuhl. Zur gleichen Zeit wurden am Grabenrand die Gebirgsschollen um annähernd 1000 Meter gehoben (Vogesen – Schwarzwald).

Daß heute der Höhenunterschied zwischen Grabensohle und den Randgebirgen wesentlich weniger als 4000 m beträgt, ist auf die Abtragung des verwitterten Juragesteins durch Bäche und Flüsse an den Rändern des Grabens und Aufschüttung des Verwitterungsgesteins in der Rheintalebene zurückzuführen. Der Oberrheinische Graben ist auch in der Gegenwart noch nicht zur Ruhe gekommen. Geologen haben aufgrund exakter Messungen errechnet, daß er jährlich um 1 mm weiter absinkt. Ein Grabenbruch deutet an, daß hier die Erdkruste besonders dünn ist.

Die Oberrheinische Tiefebene ist von allen Seiten durch die Randgebirge geschützt, weist guten Boden auf, hat reichlich Niederschläge und gehört darum zu den ertragreichsten Gebieten der Bundesrepublik Deutschland.

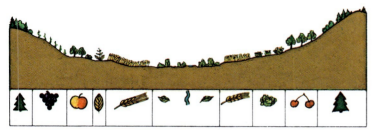

Vegetationszonen der Oberrheinischen Tiefebene

1. Ordne die Skizze dem Text auf Seite 28 unten zu!
2. Was sagen die Sonderkarten über Temperaturen und Niederschläge im Gebiet des Oberrheintales aus? Vergleiche mit Temperaturen und Niederschlägen in deiner Heimat!
3. Erkennst du die Vegetationszonen am nebenstehenden Bild wieder?
4. Die Oberrheintalebene ist auch ein wichtiger Verkehrsträger. Suche die wichtigsten Verkehrsverbindungen!

Darüber solltest du berichten können!

– Wie die Oberrheintalebene entstanden ist.
– Aus welchem Gestein die Randgebirge des Rheingrabens bestehen.
– Wie der Kaiserstuhl entstanden ist.
– Warum die Rheintalebene zu den fruchtbarsten Gebieten der Bundesrepublik Deutschland zählt.

Kernwissen

Das Oberrheintal grenzen Taunus, Odenwald, Schwarzwald, Schweizer Jura, Vogesen und Haardt ab. Es entstand durch Absinken der Gesteinsschollen entlang zweier uralter Spalten im Grundgebirge um 3000 m. Die Ränder der Einbruchsstelle wurden dabei um 1000 m gehoben. Aus Erdspalten ergoß sich Magma und erstarrte zu Vulkankegeln (Kaiserstuhl). Durch Ablagerung von Verwitterungsgestein in der Talsohle wurde der einstige Höhenunterschied zwischen Randgebirge und Grabenbruch verkleinert. Das Oberrheintal gehört zu den fruchtbarsten Gebieten der Bundesrepublik Deutschland.

Rechtes Ufer des Oberrheingrabens

Bergbau

Im Steinbruch

1. Aus welchem Gestein bestehen die Berge deiner Heimat? Woran erkennst du es?
2. Wird das Gestein in Steinbrüchen abgebaut, so beobachte die Tätigkeit der Steinbrucharbeiter!
3. Wozu wird das Gestein verarbeitet?
4. Erkundige dich bei einem Steinmetz, welche Steine er verarbeitet. Woher bezieht er sie?
   Wie werden sie zu ihm angeliefert?
5. Vergleiche die Aufnahmen des Steinbruches in Solnhofen und des Granitsteinbruches!
6. Suche auf der Landkarte die Stadt Solnhofen auf! (11° ö. L.; zwischen 47° und 48° n. B.) An welchem Fluß, in welchem Gebirgszug liegt die Stadt?
7. Erkundige dich, wie Beton und Mörtel hergestellt werden!
8. Ermittle in einem Baugeschäft, woher es Zement bezieht!

Kalkstein baut ganze Gebirge und Landschaften auf. So z. B. Teile der Alpen, den Jura, den Apennin, die Karstlandschaft in Jugoslawien. Mannigfach ist seine Verwendung. Besonders eignet er sich als Baustein. Kalkstein stellt neben Ton und Lehm den Hauptrohstoff der Zementerzeugung dar. In Zementfabriken werden die drei Grundstoffe zerkleinert, bei 1450° gebrannt und schließlich zu feinem Pulver zermahlen. Mergel, kalkhaltiger Ton, eignet sich zur Düngung und Auflockerung des Bodens.
Marmor ist in Vulkanhitze durchgeglühter Kalkstein. Er erfreut sich großer Beliebtheit als Bildhauer- und Schmuckstein, da er in allen Farben von rein weiß bis tiefschwarz vorkommt.
Steinbrüche gewähren uns auch einen Blick in die Entwicklungsgeschichte der Erde und die Entstehung der Gebirge.
Die Kalksteinbrüche bei Solnhofen in der Fränkischen Alb bieten uns ein aufschlußreiches Beispiel dafür. Der Name der Stadt ist nicht nur weltweit Geologen geläufig, sondern auch Leuten, die das Sammeln von Versteinerungen als spannendes, lehrreiches Hobby pflegen. Einer von ihnen erzählt uns, daß vor rund 110 bis 160 Millionen Jahren Süddeutschland und weite Teile Mitteleuropas von einem Meer bedeckt waren. An seinem Rand bildeten sich seichte Strandseen, die vom offenen Meer durch eine schmale Landzunge bis auf enge Verbindungen getrennt waren. In den Strandseen lagerte sich der von Fluten angespülte Kalkschlamm ab; mit ihm viele Pflanzen und Meerestiere. Sie blieben einfach im Schlamm hängen. Neue Fluten brachten neuen Schlamm, der im Laufe der Jahrmillionen zu Stein erhärtete. So bildete sich Kalksteinschicht um Kalksteinschicht, und jede von ihnen birgt in sich die seltsamsten Überreste: Versteinerungen, Abdrücke und Ausfüllungen der Abdrücke von Pflanzen und Tieren sowie Tierspuren früherer Erdzeiten, von Meeressauriern, kleinen und großen Landechsen, vielerlei Krebsen, Fischen, Schildkröten, Wasserwanzen, prächtigen Libellen und Seelilien.

Libelle

Schnabelfisch

Weltbekannt wurde Solnhofen als Fundstelle des berühmten **Archäopteryx,** des Urvogels, von dem ganze Exemplare 1861, 1877 und 1956 freigelegt wurden. Der Archäopteryx, ein flatterndes Flugtier, weist folgende Merkmale von Kriechtieren auf: bezahnter Schnabel, lange Schwanzwirbelsäule, Greifhände an den Flügeln. Besondere Versteinerungen bietet das Fossilien-Museum im Solnhofner Rathaus. Überreste des größten fliegenden Urvogels sind in einem Nationalpark zwischen Texas und Mexiko aufgefunden worden. Der Flugsaurier muß eine Flügelspannweite

Solnhofen: Steinbruch Maxberg

von 17 Metern gehabt haben, fast sechsmal größer als die des Kondors.

Gesteine, die sich wie der Kalkstein am Meeresgrund niederschlugen, nennen wir in der Geologie **Ablagerungsgesteine**.

Welche Bedeutung haben Versteinerungen für die Forschung der Biologen?

1. Vergleiche das Bild des Steinbruchs von Solnhofen mit dem des Granitsteinbruchs!
2. Nenne Unterschiede in Farbe und Form bei den einzelnen Steinbrüchen!

Im Granitsteinbruch siehst du keine schichtenförmige Anordnung von Gesteinsplatten. Hier ragen fugenlose Gesteinswände aus **Granit** empor. Wie entstanden sie? Im Innern der Erde war und ist glutflüssiges Gestein eingeschlossen, das durch allmähliche Abkühlung erstarrte und **Erstarrungsgesteine** bildete. Granit und Basalt gehören zu ihnen.

Granitsteinbruch

Carrara: Marmorgewinnung

Darüber solltest du berichten können!

- Wie Ablagerungs- und Erstarrungsgesteine entstanden sind.
- Beispiele für Ablagerungs- und Erstarrungsgesteine.
- Warum Gesteine Einblick in die Erdgeschichte geben können.
- Wodurch Solnhofen weltbekannt wurde.

Kernwissen

Natursteine haben wirtschaftlichen Wert. Kalkstein, Marmor und Sandstein sind Ablagerungsgesteine; Granit und Basalt sind Erstarrungsgesteine. Gesteine und Versteinerungen geben uns Einblick in erdgeschichtliche Vorgänge. Der Archäopteryx, der Urvogel, war ein Flugtier, das Merkmale von Kriechtieren aufwies.

Salzbergwerk

Kochsalz findet seit 2000 Jahren zum Würzen der Speisen Verwendung. Daneben kennen wir aber auch noch das Kalisalz, das in der Landwirtschaft als Düngemittel unentbehrlich geworden ist.

1. Die Skizze zeigt dir die Salzvorkommen in Europa. Suche mit Hilfe der Sonderkarte „Bodenschätze" Salzlagerstätten in Bayern (Norddeutschland)! Welcher Unterschied besteht zwischen den Vorkommen?
2. Stelle eine Übersicht europäischer Staaten mit (ohne) Salzvorkommen auf!
3. Erkundige dich, woher das Speisesalz kommt, das bei dir daheim verwendet wird!
4. Berechne den jährlichen Speisesalzverbrauch in deiner Familie!
5. Sammle aus deinem Lexikon Redewendungen, aus denen die besondere Bedeutung des Kochsalzes hervorgeht!

Europäische Salzlager

Entstehung der Salzlager

Wie gelangten die Salze ins Erdinnere?

Vor vielen Jahrmillionen wurde ganz Bayern von einem gewaltigen Meer überspült. 1000 Liter Meerwasser enthalten rund 25 kg Salz.

Schlamm oder Sandbänke (Barren) trennten häufig das Meer vom Festland, das oft unter dem Meeresspiegel lag. Bei Flut überspülte das Meer die Landbarren und füllte die dahinterliegenden Mulden mit seinem salzhaltigen Wasser. Es entstand ein Salzsee im Landesinnern. Zur damaligen Zeit herrschte in unseren geographischen Breiten Wüstenklima, weshalb das Wasser schneller verdunstete. Da über die Barren regelmäßig Meerwasser nachfloß, ein Teil davon aber laufend verdunstete, stieg der Salzgehalt des Wassers in der Mulde. Vielerorts kam es wegen der hohen Lufttemperaturen zum völligen Austrocknen der Binnenseen. Der Wind trieb Erde und Sand an und deckte damit die Salzschicht zu. Das darüber abgelagerte Erdreich schützte das Salz vor dem Auflösen durch Regen- oder Flußwasser.

Das Meerwasser birgt neben dem Steinsalz auch noch farbige **Kalisalze** in sich. Steinsalz und Kalisalze weisen unterschiedliche Löslichkeit auf, so daß sich die Kalisalze zuletzt aus dem Meerwasser aussonderten. Sie liegen deshalb heute auch über dem Steinsalz.

Darüber mußt du berichten können!

– Phasen der Salzlagerbildung.
– Warum Kalisalze über dem Steinsalz liegen.

Salzgewinnung im Berchtesgadener Land

Salzgewinnung mit Sinkwerken

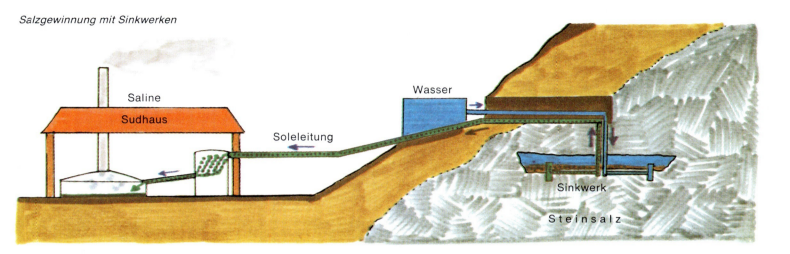

Die Eigenschaft des Salzes, sich in Wasser aufzulösen, nützt man bei der Salzgewinnung im Berchtesgadener Land, dem ältesten Salzbergwerk Deutschlands. (Zeige es auf der Landkarte!) Östlich von Berchtesgaden erhebt sich ein mächtiger Salzgebirgsstock. Die Bergleute sprengen in den Salzberg Hohlräume von beachtlicher Länge und Breite, aber nur zwei Metern Höhe. In diese Sinkwerke leiten sie Wasser, damit sich darin das Steinsalz auflöst. Man erhält die **Sole**. Die im Steinsalz enthaltenen Verunreinigungen sind schwerer als das Salzwasser und sinken daher zu Boden. Die Sole pumpt man durch zwei Rohrleitungen nach Bad Reichenhall. Hier wird in den **Salinen** aus der Sole das bei uns verwendete **Siedesalz** gewonnen, indem man die Salzlösung über dampfgefüllte Rohrschlangen auf 90° erhitzt. Das Wasser verdampft, Siedesalz bleibt zurück, wird maschinell abgepackt. Im Alpenraum gehört das **Steinsalz** des Salzstockes bei Berchtesgaden zu den wertvollsten Bodenschätzen. Die Erweiterung, aber auch die Modernisierung der Salinen von Bad Reichenhall führte zu einer Steigerung der Siedesalzgewinnung, die heute eine Jahresproduktion von 170 000 Tonnen verzeichnet.
Der Kurort Bad Reichenhall verdankt ebenfalls seine Entstehung dem Salzvorkommen.

– Erkläre anhand der Zeichnung die Salzgewinnung im Berchtesgadener Land!

In einem Sinkwerk

Am Strand der Trockengebiete des Mittelmeers, des Roten Meers und Indiens wird in natürlichen **Salzgärten** jährlich eine 8–10 cm dicke Kruste von Seesalz geerntet.

Ein Salzgarten besteht aus einer Gruppe von Becken. Erst leitet man das Meerwasser in kleine Becken, worin Kalk, Gips und Schlamm zu Boden sinken. Das nun geklärte Wasser wird in eine weitere Gruppe von Becken gepumpt, in denen sich das Speisesalz absetzt. Ein Großteil des Wassers verdunstet, der Rest wird wieder dem Meer zugeführt.

– Vergleiche die Salzgewinnung in unserer Heimat mit der in Salzgärten!

Bergmännische Salzgewinnung

Salz wird wie Kohle hauptsächlich bergmännisch gewonnen. Vom Förderschacht führen auch hier Fördersohlen zu den unterirdischen Hallen und Kammern. Auf einer Fläche von mehreren Quadratmetern treiben die Hauer mit Lochbohrmaschinen fünf bis sechs Meter lange Sprenglöcher ins harte Gestein, führen dann Sprengpatronen ein und bringen sie zum Explodieren. Berge von Salzbrocken und feinem weißen Salzstaub liegen nach den Sprengungen zum Abtransport bereit am Boden.

Mit einem schlittenähnlichen Gerät, das an Drahtseilen vor- und rückwärts gezogen werden kann, kippt der Hauer die Salzstücke in die Förderwagen. Nun führt der Weg des Salzes durch Stollen und Förderschacht zu Tage in die Brechanlage. Backenbrecher und Mühlen zerkleinern es bis auf 5 mm Korngröße. Zwischen Stahlwalzen der Feinmahlvorrichtung wird schließlich die gewünschte Körnung unseres **Tafelsalzes** erzielt. Während im Steinkohlenbergwerk Holz- oder Stahlstreben das Hangende aus Sicherheitsgründen abstützen, fehlen sie im Salzbergwerk. Hier tragen stehengelassene mächtige Salzsäulen die Decke. In die leeren Kammern schüttet man taubes Gestein, oder leitet Erdöl zur Lagerung hinein.

Bergmännisch erfolgt vor allem die Gewinnung der Kalisalze, die vornehmlich in Norddeutschland abgebaut werden.

> **Darüber solltest du berichten können!**
> – Auf welche Arten man Salz gewinnt. Denke an Unkosten und Hygiene!

Salzgarten an der südfranzösischen Mittelmeerküste

Hauer mit Lochbohrmaschine

> **Kernwissen**
>
> Zu den wichtigsten Salzen gehören Steinsalz und Kalisalze. Sie sind im Meerwasser enthalten. Steinsalz dient der Ernährung, Kalisalze finden als Düngemittel Verwendung. Salze werden vornehmlich in Bergwerken abgebaut. In Berchtesgaden, dem ältesten Salzbergwerk Deutschlands, gewinnt man durch Auslaugen der Salzlager Sole (salzhaltiges Wasser). In Salinen wird das Wasser verdunstet, Speisesalz bleibt zurück.

Steinkohle

1. Ermittle, welcher Brennstoff von deinen Eltern heute und vor fünfzehn Jahren verwendet wird bzw. verwendet wurde! Stelle Vergleiche an! Begründe die Änderung!
2. Befrage den Inhaber einer Kohlenhandlung!
   a) Welche Arten von Kohlen führt er? Lasse dir die Unterschiede erklären!
   b) Woher bezieht er die Kohlen?
   c) Welches Beförderungsmittel wird zum Transport der Kohle vom Kohlenbergwerk zum Händler verwendet?
   d) Welches Hausbrandmittel wird gegenwärtig bevorzugt? Warum?
   e) Wieviel kostet eine Tonne Steinkohle?
   f) An welche Industriebetriebe liefert er noch Kohle?
3. Zeichne eine Deutschlandskizze und trage darin die wichtigsten Steinkohlevorkommen ein!
4. Miß die Ausdehnung des Ruhrgebiets! Duisburg – Hamm; Ruhr – Lippe.
5. Die Skizze zeigt dir die Steinkohlevorkommen auf der Erde. Stelle die Erzeugerländer an Hand einer Karte fest!

Bis 1966 wurde im Raume Peißenberg, Penzberg, Hausham und Marienstein Pechkohle, in Kronach Steinkohle abgebaut. Die geringe Rentabilität führte zum Einstellen der Förderung.
– Suche die aufgeführten Orte auf der Karte!

Steinkohlenvorkommen

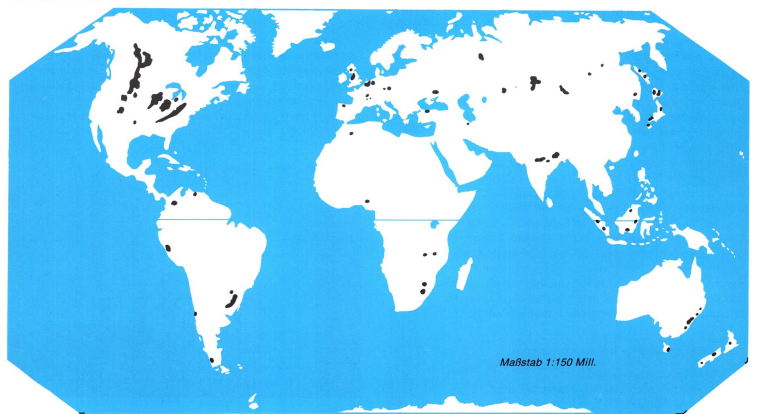

Maßstab 1:150 Mill.

Wie die Steinkohle entstanden ist

Entstehung der Steinkohle

   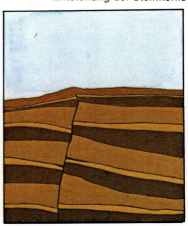

Wo heute zwischen Ruhr und Lippe Schlote und Fördertürme der Zechen emporragen, wuchsen vor rund 320 Millionen Jahren in Sumpfwäldern bis 30 m hohe Siegel- und Schuppenbäume, Baumfarne und Schachtelhalme. Der üppige Wuchs der Pflanzen war auf das feuchtheiße Klima jener Zeit zurückzuführen. Das oft durch Erdbeben verursachte allmähliche Absinken weiter Landstrecken, das Austreten riesiger Ströme über ihre Ufer oder das Überfluten des Landes durch Meere führten dazu, daß die Sumpfwälder im Wasser versanken. Das Wasser brachte Schlamm, Geröll und Sand mit sich, die die versunkenen Wälder unter sich begruben. Durch die Wasserschicht von der Luft abgeschlossen, vermoderte allmählich das Holz zu **Torf.** Durch Veränderungen der Erdkruste wich das Meer zurück oder trocknete aus. Wiederum begann der üppige Baumwuchs. Der Vorgang des Werdens und Vergehens wiederholte sich. Innerhalb von vielen Jahrtausenden preßten die über dem Torf liegenden Schichten diesen zu **Braunkohle.** Durch weitere Ablagerungen wurde die Deckschicht schließlich 300 bis 2000 Meter hoch. Sie erzeugte im Innern der Erde großen Druck und hohe Temperatur. Dadurch verwandelte sich die Braunkohle in mehr als 200 Millionen Jahren zu **Steinkohle.** Sie liegt meist in ein bis zwei Meter dicken Schichten, **Flözen,** zwischen dem tauben Gestein.

Darüber solltest du berichten können!

– Wie die Steinkohle entstand.
– Wo das deutsche Steinkohlenrevier liegt.
– Was ein Flöz ist.

Kernwissen

Die Steinkohle entstand durch Inkohlung der Sumpfwälder unter Luftabschluß und Mitwirkung von großem Druck sowie hoher Temperatur. Sie liegt zwischen taubem Gestein in meterdicken Schichten, Flöze genannt. Die Steinkohle gibt uns Aufschluß darüber, welches Klima es vor Jahrmillionen auf der Erde gab, welche Pflanzen damals wuchsen. Die bedeutendsten Steinkohlenländer sind: USA, Bundesrepublik Deutschland, Sowjetunion, Großbritannien, China.

Zeche

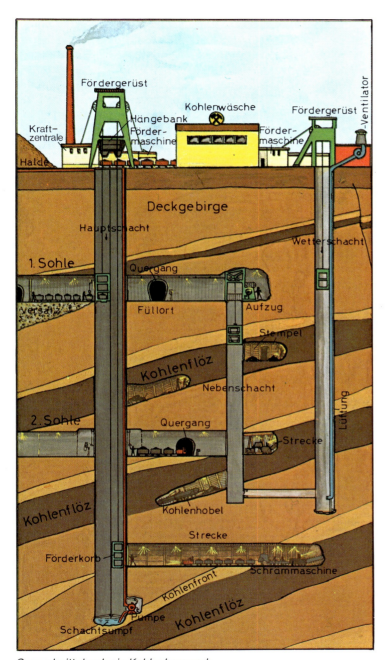

Querschnitt durch ein Kohlenbergwerk

– Erkläre an Hand der Zeichnung Abbau, Transport und Lagerung der Kohle.

Im Kohlenbergwerk

Um die Kohle aus dem Erdinnern bergen zu können, beginnt man den Bau eines Bergwerks mit einem mehrere Meter breiten **Förderschacht.** Er wird senkrecht in die Erde getrieben und kann in der Bundesrepublik Deutschland eine Tiefe bis zu 1300 m erreichen. Vom Schacht zweigen in verschiedenen Tiefen die **Sohlen** ab. Sie sind so angelegt, daß sie recht viele Flöze durchstoßen. Von den Sohlen aus treiben die Bergleute mit Bohr- und Spreng-

Kohlenabbau mit Schrämmaschine

arbeit, manchmal aber auch schon mit Vortriebsmaschinen, **Stollen** (bergmännisch: Strecken) in den Flözen vor. Zwischen zwei, meist 200 m auseinander liegenden Strecken wird im Flöz eine Verbindung hergestellt. Aus dieser Verbindung wird der Abbauraum für das Flöz, der **Streb,** entwickelt. Aus der 200 m langen Kohlenfront des Flözes lösen an ihr entlang fahrende Gewinnungsmaschinen die Kohle heraus und laden sie auf das unter oder neben ihnen liegende Abfördermittel. Es transportiert die Kohle aus dem Streb auf andere Fördermittel in der den Streb begleitenden Strecke und über andere Strecken bis zu einem

Kohlenabbau mit Kohlenhobel

Bunker. Von hier aus wird die Kohle meistens noch mit Kohlenzügen zum Förderschacht gefahren.

Die Kohle wird aus dem Flöz zwischen dem es oben (das „**Hangende**") und unten (das „**Liegende**") begrenzenden Nebengestein durch **Walzenschrämlader** in 80 cm breiten Streifen oder durch **Kohlenhobel** in 5 bis 15 cm breiten Streifen herausgeschnitten. Der Streb wird durch stählerne Stützen (bergmännisch „Stempel") und auf ihnen liegende Träger (bergmännisch „Kappen") gegen den Druck des Gesteins im „Hangenden" offen gehalten. Dieser Strebausbau wandert mit hydraulischer Kraft der abgebauten Kohlenfront nach, täglich etwa 5 bis 10 m. Hinter dem Strebausbau entsteht ein Hohlraum, der ausgefüllt werden muß. Dies erfolgt, indem man Gestein mit Maschinen dort ablagert oder das Hangende des Flözes zusammenbrechen läßt. Im **Füllort** am Förderschacht werden die Grubenwagen in den vierstöckigen Förderkorb aus schwerem Eisenblech umgeladen. In den Förderkörben vollzieht sich der gesamte Personen- und Warenverkehr des Bergwerks. Über dem Schacht erhebt sich ein eisernes Stangengerüst mit zwei Rädern, das Fördergerüst. Über die Räder gleitet ein armdickes Stahlförderseil, das an seinen Enden je einen Förderkorb hält. Während der eine nach unten fährt, bewegt sich der andere an die Oberfläche zur Hängebank, wo die Kohlenwagen entleert und die Kohlen in die Aufbereitung transportiert werden.

Die Bergwerksanlage „unter Tag" und die Einrichtungen „über Tag" nennt man **Zeche**. Aufgrund der Mechanisierung des Abbaus ist die Schichtleistung pro Hauer von 1,6 Tonnen auf 4,2 Tonnen angestiegen.

Darüber solltest du berichten können!

1. Begründe!
   a) Durch Abbau entstandene Hohlräume füllt man mit taubem Gestein.
   b) Neu vorgetriebene Strecken werden mit Schienen und Stahlstempeln oder Mauerwerk gestützt.
   c) Die Decke des Stollens nennt der Hauer das Hangende, den Boden das Liegende.
2. Erkläre die Begriffe: Schacht, Stollen, Sohle, Zeche!
3. Beschreibe den Weg der Kohle vom Flöz zur Aufbereitung!
4. Zechenanlagen über Tage, unter Tage.

Kohlenförderung im Ruhrgebiet (in Mill. t)

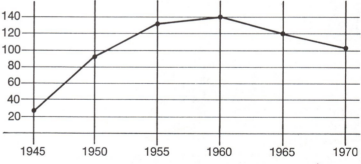

– Rechne die Förderung eines Jahres in Waggonladungen um!

Kernwissen

Der Abbau der Steinkohle erfolgt selten über Tage, meist im Untertagebergbau. Die wichtigsten Teile einer Zeche sind: Förderschacht, Sohle, Stollen, Flöz, Streb. Infolge der Mechanisierung des Abbaus beträgt z. Zt. die Schichtleistung eines Hauers 4,2 Tonnen.

Braunkohle

1. Zeichne eine Skizze der deutschen Braunkohlengebiete und verbinde sie mit einer Linie! Vergleiche nun mit der Mitteldeutschen Gebirgsschwelle! Was stellst du fest?
2. Ermittle die Namen der Städte deutscher Braunkohlengebiete!
3. Lies auf Seite 36 über die Entstehung der Braunkohle nach!
4. Suche außerdeutsche Braunkohlengebiete auf der Weltkarte! Deine Feststellung?

In Bayern kommt Braunkohle hauptsächlich in der Oberpfalz vor, in geringem Umfang auch in Oberfranken, Nieder- und Oberbayern. Die Oberpfälzischen Flöze liegen unter einer dünnen Erdschicht. Sie besteht aus wertvollen Tonen und Lehmen, die ebenfalls genutzt werden können. Das ertragreichste Braunkohlengebiet Bayerns liegt zwischen Steinberg und Wackersdorf südwestlich Schwandorf.

Im rheinischen Braunkohlenrevier weisen die Braunkohlenflöze eine Stärke von 60 bis 80 m auf. Sie liegen bis zu 200 m unter der Erdoberfläche. Darum kann ihr **Abbau** im **Tagebau** erfolgen.

Bei der Mächtigkeit des Grundgebirges über den Braunkohlenflözen muß zum Abbau der Braunkohle der Grundwasserspiegel stark gesenkt werden. Bei der Rheinbraun werden rund 1,2 Milliarden Kubikmeter im Jahr abgepumpt. Abraum und Kohle werden von mächtigen Schaufelradbaggern abgetragen. Ihre Tagesleistung beträgt 100 000 Kubikmeter, die neuesten schaffen 200 000 Kubikmeter am Tag. Ein solches modernes Gerät ist 13 000 t schwer, 84 m hoch und 220 m lang. Während bisher als Transportsysteme vor allem Eisenbahnzüge dienten, werden heute vor allem Bandanlagen eingesetzt, die eine Transportleistung von 18 000 t pro Stunde haben. Die gewaltigen Abraummassen werden von Absetzgeräten in ausgekohlte Tagebaubereiche oder auf sogenannte Außenkippen gebracht. Deren Tagesleistung liegt zwischen 100 000 bis 240 000 cbm. Ein Schaufelradbagger verbraucht die Energie einer Stadt mit 40 000 Einwohnern und wird von zwei Mann bedient.

1. Vergleiche Braun- und Steinkohlengewinnung! Stelle Unterschiede heraus!
2. Führe Gründe an, warum der Abbau von Braunkohle wirtschaftlicher ist als der von Steinkohle!

Braunkohletagebau in Wackersdorf

Abraumbagger – Braunkohlegewinnung

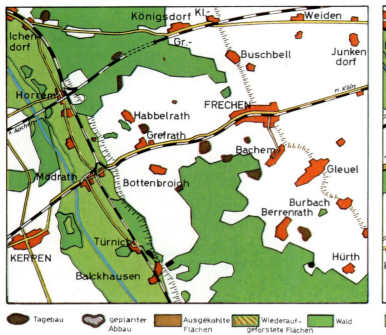
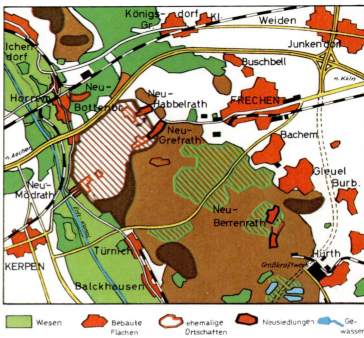

Ville – vor dem Braunkohleabbau

Ville – heute

Folgen des Abbaus

Vergleiche beide Karten! (Straßen, Siedlungen, Eisenbahnen, Wasserläufe)

Dem rentablen weitflächigen Braunkohlenabbau müssen nicht nur Felder, Wiesen und Wälder, sondern auch Menschen weichen. Um dem ausgekohlten Braunkohletagebau die Trostlosigkeit zu nehmen, um aber auch den Grundwasserspiegel wieder zu heben, erhält der Abraum eine Mutterbodenauflage, wodurch das Gebiet **rekultiviert** werden kann. Wo Ackerland und Wälder waren, soll wieder Land- und Forstwirtschaft getrieben werden. Planmäßig angelegte Spiel- und Sportplätze, Seen mit Liegewiesen, Wanderwege und Parks dienen den Städtern zur Erholung.

Darüber solltest du berichten können!

– Wie die Braunkohle abgebaut wird.
– Unterschiede zwischen Tagebau und Untertagebau.
– Der Braunkohlenabbau ist mechanisiert, um rentabler zu sein.
– Wie der Braunkohlenabbau die Landschaft verändert.
– Braunkohlenbergbau greift auch in die Interessen der Menschen ein.
– Wie die Rekultivierung ausgekohlter Braunkohlenreviere erfolgt.

Die Rohbraunkohle weist einen sehr hohen Wassergehalt auf. Sie wird dadurch schwer, was den Transport sehr verteuert. Um hier Kosten zu sparen, wird die Rohbraunkohle in nächster Nähe der Fördergebiete verarbeitet. 88% werden in Wärmekraftwerken zu elektrischem Strom umgewandelt, etwa 12% werden zu Briketts für den Hausbrand verarbeitet. Die Rohbraunkohle wird hierfür zerkleinert, getrocknet und im Stempel-Preßverfahren zu den bekannten Briketts gepreßt. Sieben Dampfkraftwerke erzeugen in unmittelbarer Nachbarschaft der Flöze große Energiemengen. Ihre Durchschnittsleistung beträgt über 2 Millionen kW pro Werk. In der DDR werden aus der Braunkohle auch noch Teer, Heizgas, Benzin u. a. chemische Produkte gewonnen.

> **Darüber solltest du berichten können!**
> - Wie die wichtigsten Veredelungsprodukte der Braunkohle heißen.
> - Die Braunkohle findet auf vielen Gebieten Verwendung.

Jährliche Braunkohlenproduktion ausgewählter Länder

Land	jährliche Förderung in 1000 t
Bundesrepublik Deutschland	118 700 davon Bayern 8000
DDR	251 000
UdSSR	152 500
CSSR	81 800
Polen	39 200
Australien	24 100
Welt	807 100

Stelle Vergleiche an!

> **Kernwissen**
> In Bayern wird vor allem in der Oberpfalz, Oberfranken, Nieder- und Oberbayern Braunkohle gefördert.
> Braunkohle ist wie Steinkohle verkohlte Pflanzenmasse. Sie wird im Tagebau gewonnen. Braunkohlenbergwerke verwandeln sehr stark das Bild der Landschaft. Die beim Abbau entstehenden Abraumflächen rekultiviert man, nutzt sie wieder landwirtschaftlich oder macht sie zu Erholungszentren. Erzeugnisse der Braunkohlenveredelung sind: Teer, Gas, Benzin, Öle, Asphalt und Paraffin. Sie ist in der DDR die wichtigste Energiequelle.

Erdöl

Erdölverbrauch in der Bundesrepublik Deutschland

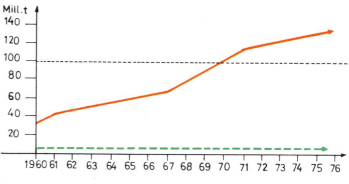

— Verbrauch   --- Förderung in der Bundesrepublik Deutschland

1. Vergleiche den Verbrauch in den aufeinanderfolgenden Jahren!
2. Begründe das Ansteigen des Erdölverbrauchs mit Beispielen aus deiner Umgebung!
   Denke an Hausbrand, Verkehrsmittel, Industrie und den Transport!
3. Suche im Atlas Erdöllagerstätten der Bundesrepublik Deutschland! In Bayern wurde 1833 erstmals am Tegernsee Erdöl entdeckt. Heute produzieren 15 Ölfelder im schwäbischen Raum bei Arlesried in der Nähe von Memmingen jährlich 3 Millionen Tonnen.
4. Welche Staaten der Erde weisen die höchste Erdölförderung auf? S. S. 42!

Wie entstand das Erdöl?

Das Erdöl, das heute aus dem Boden gepumpt wird, ist schon viele Millionen von Jahren alt. Als es entstand, erstreckten sich an Stelle der heutigen Erdölländer meist flache Meere. Ihr Wasser war erfüllt vom Plankton, worunter wir pflanzliche und tierische Kleinlebewesen verstehen. Ein Liter Meerwasser enthält 3000–100 000 solcher Lebewesen.
Ununterbrochen sank abgestorbenes Plankton zusammen mit anderen toten Meerestieren zum Meeresgrund. Ton, Schlamm, Kalk und Sand, die von den Flüssen im Meer abgelagert wurden, überdeckten die Planktonmasse. Unter dem Druck des Wassers

und der aufgetürmten Ablagerungen, bei einer Temperatur von nahezu 200 Grad, zersetzten Bakterien den Faulschlamm in **Erdöl** und **Erdgas**. Weil das Erdöl leichter ist als das Grundwasser, wurde es durch das poröse Gestein nach oben gedrückt, bis es an eine undurchlässige Bodenschicht gelangte. Das Gestein unter dieser Schicht saugte sich wie ein Schwamm mit dem Rohöl an.

Durch Faltungen der Erdkruste gelangte das Erdöl in die oberen Teile der Aufwölbung. Unterirdische Erdölseen gibt es nicht.

Erdöl ist eine helle bis schwarze, gelblich, rötlich, bläulich oder grünlich gefärbte dünne bis zähflüssige Masse.

Vergleiche die Entstehung der Kohle mit der von Erdöl und Erdgas!

Darüber solltest du berichten können!
- Wann und wie das Erdöl entstanden ist.
- Wie es aussieht.
- Warum sein Verbrauch einen so starken Aufschwung nahm.

Wie das Erdöl gefördert wird

Sprich dich über die Bilder Seite 43 aus, ehe du den Text liest!

Nach Erdöl wird auf kultiviertem Land, in Urwäldern, im Dschungel, in Wüsten und von festverankerten Plattformen sogar mitten im Meer gebohrt.

Erdölgebiete der Erde und ihre Jahresförderung

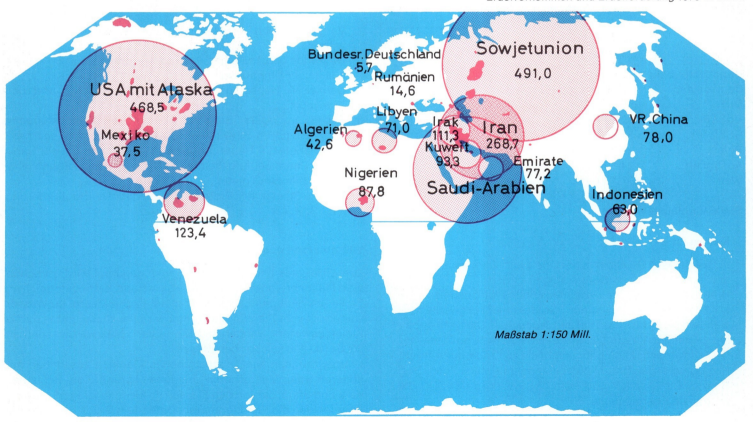

Erdölvorkommen und Erdölförderung 1975 in Mill. t

Maßstab 1:150 Mill.

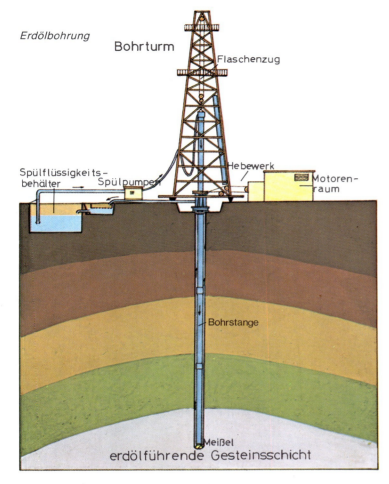

Erdölbohrung

Bohrinsel in der Nordsee

Bohrturm in der Wüste

Vor rund 100 Jahren erfolgte die erste gezielte Bohrung nach Erdöl im nordamerikanischen Bundesland Pennsylvania. Sie war schon in 21 Metern fündig. Heute kommen vier Fünftel des geförderten Erdöls aus Tiefen zwischen 1000–3000 Metern. Die größte Tiefe, die bisher erbohrt wurde, betrug 6771 Meter in den USA. Da eine Bohrung rund eine halbe Million Mark kostet, ist man bemüht, mit besonderen Geräten die erdölhaltigen Erdschichten ausfindig zu machen, ehe die eigentliche Bohrung in Angriff genommen wird. Ist es so weit, stellt man über der Ölquelle den Bohrturm, ein 50 Meter hohes Eisengestänge, auf, an dem der Drehbohrer befestigt ist. Der mehrere Zentner schwere Meißel des Bohrers hängt an einem Flaschenzug und wird durch einen Dieselmotor in drehende Bewegung gesetzt. Er frißt sich zum Öllager vor. In das Bohrloch führt man Stahlröhren ein, damit die Wand im porösen Gestein nicht abbröckelt.

Spülwasser sorgt dafür, daß der Erdbohrer nicht heißläuft. Das Wasser kühlt ihn ab und schwemmt gleichzeitig den Abhub mit nach oben. Ist die Bohrung fündig geworden, wird der Hohlraum zwischen der Verrohrung und der Wand des Bohrlochs mit Beton gefüllt. Aus vielen Bohrungen fließt das Erdöl durch den Druck des Grundwassers oder Erdgases in die Höhe; oft muß es aber auch in die bereits vorher verlegten Rohrleitungen gepumpt werden.

Darüber solltest du berichten können!

– Wie die Erdölbohrung durchgeführt wird.
– Welcher Unterschied zwischen der Steinkohlen- und Erdölgewinnung besteht.

Daß das Erschließen einer Erdölquelle auch mit Gefahren und beachtlichen Unkosten verbunden sein kann, zeigt nachfolgende Begebenheit.

Aus einer Öl- und Erdgasquelle in der Sahara schoß eines Tages eine Flamme gegen den Himmel. 280 Meter hoch. Irgendein Funke am Bohrgestänge oder an einer Maschine hatte das Gas entzündet. Das war im November 1961. Schwarze Rauchschwaden verfinsterten monatelang den Saharahimmel. Kein Mensch, kein technischer Trick vermochte die urgewaltige Fackelflamme zunächst wieder zum Verlöschen zu bringen. Unvorstellbar große Mengen an Energie pufften Stunde um Stunde, Tag um Tag, Monat um Monat in den Himmel der Wüste.

Schließlich erklärte sich ein mutiger Mann aus Amerika, ein Fachmann für derartige Katastrophen bereit, die Flamme in der Wüste zu löschen. Er steuerte am 28. April 1962 mit einem spezialgesicherten Bulldozer und in einem Spezialanzug gegen Hitze der höllenheißen, wütend lodernden Feuerbrunst entgegen. Auf seinem gepanzerten Fahrzeug hatte er 380 kg Dynamit geladen, eine höchstgefährliche Fracht. Dieses Dynamitpaket stellte der Mann – gegen die Hitze verzweifelt ankämpfend – genau an der Mündung der Erdölquelle ab. Dann nahm er Reißaus. So schnell der Bulldozer fahren konnte, suchte er in Sicherheit zu kommen. Kurz erbebte hinter ihm auch schon die Wüste unter einer gewaltigen Detonation. Als der mutige Amerikaner endlich zurückzublicken wagte, sah er keine Flamme mehr. Die 200 Meter hohe Fackel, die fünf Monate lang aus dem Erdloch gelodert hatte, war von der Explosion richtiggehend ausgeblasen worden. Schwarze Rauchwolken über der Wüste erinnerten noch einige Tage an das große Feuer. Der „Feuerwehrmann" bekam für seine Tat 1 Million Dollar. Die Werte, die er gerettet hatte, waren damit nicht zu hoch bezahlt.

aus: Reader's Digest: Der Feuerreiter

Kernwissen

Erdöl entstand vor vielen Millionen Jahren aus Plankton (tierischen und pflanzlichen Kleinlebewesen). Um es zu gewinnen, werden fündige Schichten angebohrt. Zu den größten Erdölproduzenten zählen die UdSSR, die USA und Iran. In Bayern befinden sich bei Arlesried in der Nähe von Memmingen Erdölfelder.

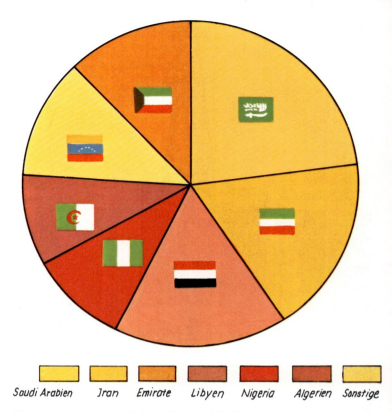

Staaten, aus denen die Bundesrepublik Deutschland Erdöl bezogen hat. In welchen Erdteilen liegen sie?

Erdölfeld bei Arlesried

Stadt und Umland

Menschliche Siedlungen

ländliche Siedlungen	städtische Siedlungen
↓	↓
Einzelhof, Einöde	ländliche Stadt 2000–5000 Einwohner
Aussiedlerhof	Kleinstadt 5000–20 000 Einwohner
Weiler	Mittelstadt 20 000–100 000 Einwohner
Dorf	Großstadt 100 000–1 Mill. Einwohner
Marktgemeinde	Weltstadt über 1 Mill. Einwohner

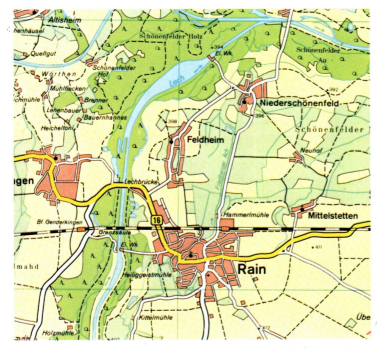

Maßstab 1:75 000

1. Bestimme Lage und Entfernung der ländlichen Siedlungen zur Stadt Rain!
2. Zähle Dörfer und Einzelhöfe auf!
3. Lies in einem Lexikon unter Einöde und Weiler nach!
4. Warum wurden für die einzelnen Gemeinden unterschiedliche Schriftgrößen verwendet?

Aussiedlerhof

Das Bild der ländlichen Siedlung prägt das bäuerliche Gehöft, das in den meisten Fällen Eigenbesitz eines Bauern ist. Er allein bestimmt, ob er **Feldbau** und **Viehhaltung** treibt oder sich auf einem der beiden Wirtschaftsgebiete spezialisiert. Entsprechend seiner Entscheidung kennzeichnen Lagerräume, Maschinenhallen oder Stallungen seinen Hof.

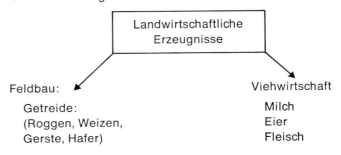

Feldbau:

  Getreide:
  (Roggen, Weizen,
  Gerste, Hafer)

Hackfrüchte:

  Kartoffeln, Futter-
  und Zuckerrüben

Obst und Gemüse

Viehwirtschaft

  Milch
  Eier
  Fleisch

Neuzeitliche Viehhaltung

Von den Erzeugnissen verwertet und benötigt der Bauer in seinem eigenen Betrieb nur einen Teil; den Rest verkauft er in der Stadt an Lagerhäuser, Molkereien, Metzger und Händler. Die Einnahmen stellen aber keinen echten Reingewinn dar.

1. Überlege laufende und einmalige Anschaffungen und Auslagen! Denke an den Maschinenpark, Arbeitskräfte, Saatgut, Bedürfnisse der eigenen Familie! Verschaffe dir Prospekte einer Landmaschinenfabrik! Sprich dich über die Preise der Maschinen aus!
2. Nenne Endprodukte, wozu landwirtschaftliche Erzeugnisse verarbeitet werden!
3. Warum wenden sich Bauern in Stadtnähe dem Gemüse- und Obstbau zu?
4. In welchen Betrieben werden landwirtschaftliche Erzeugnisse verarbeitet?
5. Verfolge den Weg vom geernteten Roggenkorn zum Brot! Zähle die damit beschäftigten Berufsgruppen auf!
6. Welche Gefahren liegen in der einseitigen Ausrichtung der Produktion eines landwirtschaftlichen Betriebes? Denke auch an Witterung, Seuchen!

Der Landwirt unserer Zeit ist vielseitig tätig. Er muß nicht nur die Feldarbeit und den Umgang mit Maschinen beherrschen, sondern muß kleine Reparaturen an Ort und Stelle ausführen können, muß peinlich genau über Einnahmen und Ausgaben Buch führen, um die Rentabilität des Hofes zu überprüfen, muß sich laufend fachlich weiterbilden und über Fachzeitschriften auf dem Laufenden halten, um nicht sein Unternehmen durch eine Fehlentscheidung in Gefahr zu bringen. Durch Spezialisierung und Mechanisierung des Betriebes, durch fachgemäße Bewirtschaftung und ständige Verbesserung der Beschaffenheit des Bodens, konnten stete Ertragssteigerungen erzielt werden.

Hektarerträge in dz

Jahr	Roggen	Weizen	Gerste	Hafer	Kartoffel	Zuckerrüben
1875	11,7	14,0	13,8	13,0	95,0	80,0
1937	19,8	26,2	24,7	22,6	173,6	292,4
1960	28,8	35,6	32,9	29,1	235,8	419,9
1975	29,2	36,2	33,2	31,4	243,2	423,6

Bei welchem Produkt wurde die höchste Steigerung der Hektarerträge erzielt?

Kleinere Betriebe sind den Anforderungen unserer Zeit nicht mehr gewachsen. Ihre Besitzer verkaufen Grund und Boden oder verpachten an größere Unternehmer und suchen in Fabriken der benachbarten Städte Arbeit und Verdienst. Der Bauer wird zum Industriearbeiter.

Kennzeichnung der ländlichen Siedlungen

Einzelhöfe: Sie waren früher vornehmlich in den Alpen als Sennereien bekannt, seltener im Flachland anzutreffen. Aufgrund der in den letzten Jahren durchgeführten **Flurbereinigung,** bei der die Felder eines Bauern zusammengelegt wurden, gaben Bauern vor allem in Städten ihren Hof auf und errichteten inmitten ihres Besitzes einen **Aussiedlerhof.**

Ein **Weiler** besteht aus mehreren Gehöften.

Ein **Dorf** hat neben den Gehöften eigene Verwaltung, Schule, Kirche, Geschäfte, Handwerker, Gastwirtschaften. Je nach den Wasserverhältnissen und Bodenform und -beschaffenheit erhielt das Dorf verschiedene Formen. Durch die Aufgabe der Bauern-

Drei alte Dorfformen

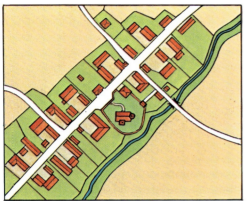
Straßendorf

Haufendorf

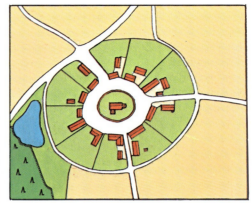
Ringdorf

höfe und die Ansiedlung von Arbeitern, die in Fabriken der benachbarten Städte tätig waren, wandelte sich die Beschaffenheit vieler Dörfer. Das Bauerndorf wurde zum Arbeiterdorf.

Marktgemeinde ist eine größere Siedlung, der das Markt- aber nicht das Stadtrecht verliehen wurde. Sie hat neben all den Einrichtungen eines Dorfes auch das Recht, Jahrmärkte und Viehmärkte abzuhalten.

1. Welche Vorteile für die Arbeit des Bauern bringt ein Aussiedlerhof mit sich?
2. Zähle Nachteile auf, die Einzelhöfe und Weiler in sich bergen!
3. Überlege, welche Gründe Arbeiter bewegen, ihren Wohnsitz auf dem Land zu nehmen!
4. Warum war die Verleihung des Marktrechts für die Bewohner von besonderer Bedeutung?
5. Erkläre die Bezeichnungen der Dorfformen!

Darüber solltest du berichten können!
– Wie die ländlichen Siedlungsformen heißen und worin sie sich voneinander unterscheiden.
– Welche Forderungen an einen Bauern unserer Zeit gestellt werden.
– Welche Produkte der Feldbau, die Viehzucht bei uns hervorbringen und wozu sie verarbeitet werden.
– Wie in der Landwirtschaft Produktionssteigerungen erzielt werden können.

Kernwissen
Die menschlichen Siedlungen werden in ländliche und städtische eingeteilt. Zu den ländlichen Siedlungen gehören: Einzelhof, Weiler, Dorf, Marktgemeinde; zu den städtischen: ländliche Stadt, Kleinstadt, Mittelstadt, Großstadt, Weltstadt. Die ländlichen Siedlungen bestehen im allgemeinen aus Bauernhöfen. Der Beruf des Bauern ist vielseitig. Feldbau und Viehwirtschaft liefern Rohstoffe, die in Fabriken der Städte verarbeitet werden. Mechanisierung der landwirtschaftlichen Betriebe, verbesserte Bodenbearbeitung und Flurbereinigung führen zur Steigerung der Hektarerträge. Durch die Aufgabe von landwirtschaftlichen Betrieben und die Ansiedlung von Arbeitern in den ländlichen Siedlungen hat sich deren Beschaffenheit geändert. Der Bauer wurde zum Industriearbeiter, das Bauerndorf ein Arbeiterdorf.

Zentrale Orte

1. Stelle die Städte deines Heimatkreises zusammen! Ermittle ihre Bevölkerungszahl!
2. Aus welchen Gründen suchen Bewohner ländlicher Siedlungen die Stadt auf?
3. Welcher Verkehrsmittel bedienen sie sich?
4. Stelle fest, warum Städter aufs Land fahren und warum sie sich auf dem Lande ansiedeln!

Die ländlichen Siedlungen können nicht alle Bedürfnisse der Landbewohner erfüllen. Aus diesem Grund hat die Staatsregierung nach vorausgegangenen Volks-, Berufs- und Arbeitsstättenzählungen ein **Landesentwicklungsprogramm** aufgestellt. Es unterscheidet vier Stufen **zentraler Orte,** meist Städte. Ihnen kommen je nach Größe in ihrem Umlandbereich besondere Aufgaben zu. **Stadt und** zugehöriges **Umland** zusammen nennen wir **Region.**

Kleinzentrum

Es hat die Grundversorgung der Einwohner seines Einzugsbereichs sicherzustellen. Dazu gehören: Hauptschule, Spiel- und Sportstätten, Arzt, Apotheke, Einzelhandels-, Handwerks- und Dienstleistungsbetriebe. Sie müssen das Staatsgebiet lückenlos überziehen, damit die Einrichtungen der Grundversorgung jedem Bürger von jedem Wohnort zugänglich sind.
Das Kleinzentrum soll mehr als 1000 Einwohner am Ort und 5000 Einwohner im Nahbereich haben.

Unterzentrum

Es weist eine größere Vielfalt an zentralen Einrichtungen und Arbeitsplätzen als das Kleinzentrum im Bereich des Gesundheitswesens, des Handels und des Gastgewerbes, des Handwerks, des Verkehrs, des Kredit- und Sparkassenwesens sowie von Dienstleistungen auf. Es ist auch Standort weiterführender Schulen. Einwohnerzahl: 2000 am Ort, 10 000 im Nahbereich.

Mittelzentrum

Es soll den gehobenen Bedarf der Bevölkerung ermöglichen. Dazu gehören Gymnasien, Berufsschulen, berufsbildende Schulen, Sonderschulen, Einrichtungen der Erwachsenenbildung, Krankenhäuser mit Fachabteilungen, größere Sport- und Freizeitanlagen, Einkaufszentren, Kauf- und Warenhäuser, Fachgeschäfte, Kreditinstitute, Handels- und Wirtschaftsbüros, Gerichte.
Das Mittelzentrum zählt rund 7500 Einwohner im Ort und über 30 000 im Mittelbereich.

Oberzentrum

Sportstadien, Hochschulen, Großkrankenhäuser (Kliniken), Theater, Großkaufhäuser, Banken, Handels- und Verkehrszentrum (Eisenbahnknotenpunkte, Flughafen), reiches Angebot an Arbeitsplätzen in Handel, Wirtschaft und Industrie. Einwohnerzahlen: 200 000 und mehr im Verflechtungsbereich.

1. Nenne Beispiele für weiterführende Schulen, berufsbildende Schulen, Dienstleistungsbetriebe, Kreditinstitute, Freizeitanlagen, Großkaufhäuser!
2. Vergleiche die Aufgaben der zentralen Orte untereinander!
3. Ermittle beim Landratsamt die zentralen Orte deines Heimatkreises!
4. Verschaffe dir eine Karte der Regionen deines Heimatkreises! Überprüfe an einem Beispiel, ob das Zentrum die ihm gestellten Aufgaben erfüllt!

Wechselbeziehung zwischen Stadt und Land

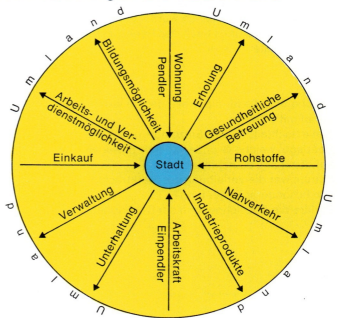

Regensburg – Beispiel eines Verdichtungsraumes Stadt–Umland

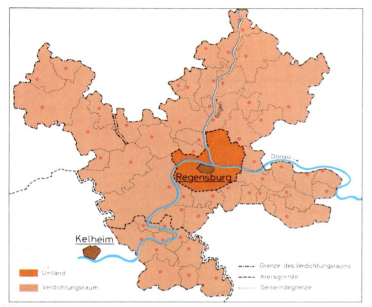

Umland und Verdichtungsraum von Regensburg

Regensburg

Der Verdichtungsraum Regensburg umfaßt 53 Gemeinden der Landkreise Regensburg und Kelheim. Aus diesen Gemeinden kommen täglich über 30 000 Berufspendler nach Regensburg zu ihrem Arbeitsplatz. Die 13 unmittelbar an die Stadt angrenzenden Umlandgemeinden haben in den letzten Jahren eine sehr große Bevölkerungszunahme erfahren. Durch rege Bautätigkeit in diesen Umland-Gemeinden wuchsen Stadt und Umland immer mehr zusammen.

Entwicklung der Bevölkerung in den Umland-Gemeinden von 1961–1974

Gemeinde	Einwohner am			Zuwachs von		
	6. 6. 61	27. 5. 70	31. 12. 74	1961–1974	1970–1974	1961–74
Pentling	555	794	1418	863	624	155,5 v.H.
Oberisling	558	921	1893	1335	972	239,2 v.H.
Burgweinting	976	1274	1437	461	163	47,2 v.H.
Barbing	1403	2042	2561	1158	519	82,5 v.H.
Tegernheim	2053	2989	3491	1438	502	70,0 v.H.
Grüntal	1027	1416	1565	538	149	52,4 v.H.
Zeitlarn	1687	2223	2666	979	443	58,0 v.H.
Lappersdorf	2393	4056	5119	2726	1063	113,9 v.H.
Kareth	1546	1737	1831	285	94	18,4 v.H.
Pettendorf	1104	1352	1546	442	194	40,0 v.H.
Kneiting	452	478	550	98	72	21,7 v.H.
Sinzing	3874	4192	4533	659	341	170,0 v.H.
Harting	419	535	585	166	50	39,6 v.H.
Gemeinden insgesamt	18 047	24 009	29 195	11 148	5186	61,8 v.H.
Stadt insgesamt	125 061	131 063	132 903	6 002	1840	4,8 v.H.

Regensburg bildet einen zentralen Anziehungspunkt für die Bewohner des Umlandes und des Verdichtungsraumes. Hier finden sie nicht nur Arbeit – auch andere Bedürfnisse des täglichen Lebens können erfüllt werden:
- Zahlreiche Einzelhandelsgeschäfte, Supermärkte und Kaufhäuser bieten Einkaufsmöglichkeiten.
- Weiterführende Schulen, Berufsschulen, Fachschulen und die Universität bringen täglich Tausende von Schulpendlern in die Stadt
- Regensburg, vor allem seine Altstadt, ist wegen der zahlreichen kulturellen Angebote (Altstadtfest, Theater, Lokale u. ä.) ein Anziehungspunkt für das Umland
- Gegenseitige Verflechtungen zwischen Stadt und Umland bestehen auch für die Lebensbereiche Freizeit und Erholung, wobei vor allem das Umland für die Stadtbewohner zahlreiche Naherholungsgebiete bereithält.

1. Stelle die Stadt-Umlandbeziehungen zwischen Regensburg und seinem Umland zusammen, vergleiche sie mit der Zeichnung auf der vorangegangenen Seite und ergänze!
2. Warum ist die Bevölkerungszahl der Umland-Gemeinden so stark angestiegen?
3. Bist du auch Schulpendler? Warum mußt du zur Schule fahren?

Die Stadt Regensburg will die Verflechtungen zu seinem Umland und Verdichtungsraum weiter verstärken. Dazu dienen der Ausbau von Verkehrsverbindungen, die Schaffung neuer Arbeitsplätze, der Ausbau zur Einkaufsstadt, die Erhaltung und Sanierung der Altstadt, neue Freizeiteinrichtungen, die Verbesserung der Müll- und Abwasserbeseitigung und verstärkte Maßnahmen zum Umweltschutz.

Einteilung der Region Regensburg in Landschaftskategorien 1975

Art des Gebietes	Fläche in ha	Anteil in v. H.
Naturschutzgebiet	1 089	0,2
Landschaftsschutzgebiet	188 088	36,6
Naturpark	163 695	31,9
Restfläche	160 597	31,3
Gesamtregion	513 469	100,0

1. Bringe für die einzelnen Bereiche der Wechselbeziehung zwischen Stadt und Land Beispiele aus deiner Heimatgemeinde!
2. Immer mehr Menschen siedeln sich im Umland der Städte an. Überlege die Folgen! Denke an Verkehr, Versorgung, Bevölkerungsziffer in den ländlichen Siedlungen, in den Städten, an die Schulen!
3. Die Wechselbeziehung zwischen Stadt und Land vollzieht sich vornehmlich auf sozialem, kulturellem und wirtschaftlichem Gebiet. Bringe Beispiele dafür!

Darüber solltest du berichten können!

- Welche vier Stufen von zentralen Orten der Landesentwicklungsplan vorsieht.
- Was man unter einer Region versteht.
- Wie Stadt und Land einander ergänzen.
- Welche Folgen das Pendeln zwischen Arbeitsstätte und Wohnung nach sich zieht.

Kernwissen

Zu den zentralen Orten gehören Klein-, Unter-, Mittel- und Oberzentren. Ihnen kommt überörtliche Bedeutung auf sozialen, kulturellen und wirtschaftlichen Gebieten zu.

1. Zeige die Ballungszentren Bayerns! Welche Industriezweige weist die Sonderkarte für sie aus?
2. Welche Teile Bayerns weisen die größte Anzahl von Pendlern auf? Begründe!
3. Bestimme die Wegstrecke, die ein Pendler von der Ostgrenze Bayerns nach München zurückzulegen hat! Wegen der Länge dieses Weges kehrt er nur wöchentlich oder gar nur monatlich einmal heim (Wochen-, Monatspendler).

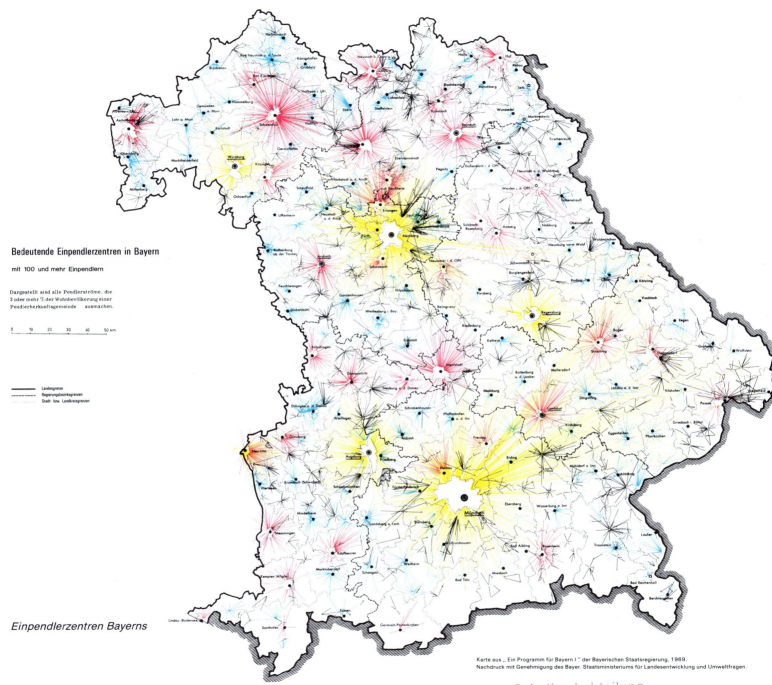

Einpendlerzentren Bayerns

Unsere Stadt

1. Verschaffe dir einen Plan deiner Kreisstadt und zeige darauf:
   a) den Stadtkern (City),
   b) die Verwaltungsgebäude,
   c) die Bildungszentren (Schulen, Kirchen, Kindergärten, Museen),
   d) Geschäftsviertel,
   e) Industriezentren,
   f) Erholungs- und Vergnügungsstätten,
   g) Verkehrseinrichtungen,
   h) die wichtigsten Verkehrsstraßen,
   i) Gebäude, die dem Handel und der Wirtschaft dienen,
   j) Wohnviertel!
2. Erkundige dich nach der Versorgung der Kreisstadt mit Wasser, elektrischem Strom und Gas!
3. Erledige die Aufgaben unter 1. an dem folgenden Stadtplan! Gib die Lage der einzelnen Einrichtungen mit Hilfe des Gitternetzes an!
4. Meteorologen haben festgestellt, daß in unseren geographischen Breiten der Westwind vorherrscht.
   Welche Folgerungen ergeben sich daraus für Städteplaner?
5. Deute die Begriffe Industrieviertel, Geschäftsviertel, Wohnviertel!
6. Bestimme die Lage der Industrieviertel deines Heimatortes zum Bahnhof und der Hauptverkehrsstraße! Begründe!

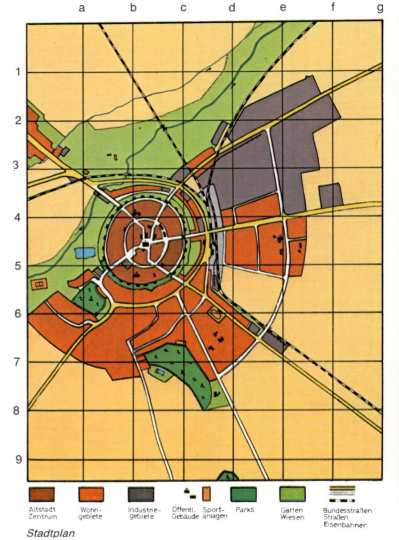

Stadtplan

Wofür muß eine Stadt sorgen?

1. Menschen müssen wohnen

Während früher die Wohnungen sich meist in unmittelbarer Nähe der Arbeitsstätte befanden, liegen heute geschlossene Wohnviertel in den äußeren Stadtbezirken. Es kann sich dabei um Eigenheimsiedlungen oder Wohnblocksiedlungen, Arbeitersiedlungen oder Villenviertel handeln.

2. Menschen müssen mit Lebensmitteln, Bekleidung und Verbrauchsgütern versorgt werden

Auf Märkten und in Geschäften aller Art werden die erforderlichen Produkte der Landwirtschaft des Umlandes oder Importgüter, Erzeugnisse der in- und ausländischen Industrie angeboten.

3. **Der Bürger braucht Arbeits- und Verdienstmöglichkeiten**

   Handwerks-, Industrie-, Produktions-, Verarbeitungs- und Dienstleistungsbetriebe beschäftigen je nach Größe des Unternehmens Führungs-, Fach- und Hilfskräfte.

4. **Eine Stadt muß verwaltet werden**

   Das Zusammenleben vieler Menschen auf verhältnismäßig kleinem Raum bedarf einer exakten Verwaltung. Sie beginnt mit der Erfassung des Neugeborenen, sorgt für Sicherheit des Lebens und Gutes, begleitet uns bis zum Tode.

Markthalle Gaismannshofen

Trabantenstadt von Regensburg

Schule in Bopfingen

Englischer Garten, München

5. Der Mensch hat Anspruch auf angemessene Bildung

Eine Vielzahl von allgemein bildenden Schulen bis zur wissenschaftlichen Fachausbildung an den Hochschulen ermöglicht jedem Bürger eine Ausbildung, die seinem Wissen, Können und Leistungsvermögen entspricht. Wer sein Berufsziel erreicht hat, findet in Volkshochschulen eine Möglichkeit der Weiterbildung auf verschiedenen Gebieten.

6. Der Mensch soll sich erholen können

Die Stadtverwaltungen haben für Spiel- und Sportanlagen zu sorgen, sie schaffen mit Theatern und Lichtspielhäusern Möglichkeiten der Zerstreuung für die Bürger ihres gesamten Einzugsbereichs, damit sie über Ausgleichsbetätigung ihre Arbeitskraft erhalten.

7. Die Stadt hat für die Gesundheit ihrer Bewohner zu sorgen

Die Versorgung mit reinem Trinkwasser, die Beseitigung und Aufarbeitung des Abwassers in Kläranlagen, die Reinhaltung der Luft und der Betrieb entsprechend großer Krankenhäuser gehören zu diesem Aufgabenbereich.

8. Die Beförderung der Bewohner mit öffentlichen Verkehrsmitteln muß gesichert sein

Dazu bedarf es eines gut ausgebauten Verkehrsnetzes (Straße, Schiene) und leistungsfähiger Verkehrsmittel. Für den Individualverkehr müssen Parkmöglichkeiten geschaffen werden.

Kläranlage der Stadt Nürnberg

1. Bringe für die Wohnviertel einer Stadt Beispiele aus deiner Heimat!
   Vergleiche sie untereinander!
   Stelle Vorzüge und Nachteile heraus!
   Nenne Beispiele für die unter 3. aufgeführten Betriebe!
2. Nenne weiterführende Schulen deines Heimatkreises!
3. Zähle bekannte Erholungszentren der näheren Umgebung deiner Heimatgemeinde auf!
4. Berichte über Trinkwasserversorgung, Kläranlagen und Mülldeponien deiner Heimatgemeinde!

Darüber solltest du berichten können!
– Wie die wesentlichen Stadtteile heißen.
– Welche Forderungen ein Bürger an die Stadt stellen kann.

Kernwissen
Die räumliche Gliederung des Stadtgebietes hat die Funktion der in den einzelnen Stadtteilen untergebrachten Einrichtungen und die Interessen der Bürger zu berücksichtigen. Die wichtigsten Stadtteile sind: City, Wohnviertel, Verwaltungs-, Versorgungs- und Industriezentrum.

Großstadtverkehr

Landeshauptstadt München

1. Bestimme die geographische Lage Münchens!
2. Welche Verbindungsmöglichkeiten bestehen zwischen deinem Heimatort und München?
3. Ermittle Entfernung (Luftlinie) von München zu den Hauptstädten der bayerischen Regierungsbezirke! Fertige eine Skizze!
4. Bestimme die Entfernung (Luftlinie) von München zu den Hauptstädten der Nachbarstaaten!

München einst

Vor rund 1000 Jahren legten Mönche von Tegernsee in der Nähe des heutigen Marienplatzes auf dem Petersberg ein Kloster an. Aus den umliegenden Dörfern Pasing, Schwabing, Sendling und Giesing ließen sich Siedler „bei den Münichen", was soviel wie „bei den Mönchen" bedeutet, nieder. Das einstige und heutige Wahrzeichen der Stadt erinnert noch daran.

1158 zerstörte der Welfenherzog Heinrich der Löwe eine Zollbrücke über die Isar bei Oberföhring. Sie gehörte dem Bischof von Freising. Noch im gleichen Jahr ließ der Herzog ein Stück flußaufwärts „Bei den Münichen" eine neue Brücke errichten, über die eine der belebtesten Handelsstraßen der damaligen Zeit führte. Der Zoll fließt reichlich, Kaufleute siedeln sich an, der Handel blüht. So kommen 1395 nach München 26 480 schwere Lastfuhrwerke mit bäuerlicher Fracht und 3310 mit kostbarer Kaufmannsfracht. München wird zum Umschlagplatz des Landes und zur Residenz, dem Sitz der Herzöge, später der Kurfürsten und seit 1806 der bayerischen Könige.

Wie München gewachsen ist

Drei mächtige Kräfte bauten gemeinsam an der Stadt und prägten ihr Bild:
Das Herrscherhaus als weltliche Macht, **die Kirche** als geistliche Macht und **das Bürgertum,** das seinen durch Handel erworbenen Reichtum durch Prachtbauten an Plätzen und Straßen zeigte.

München, Mittelpunkt der Kunst, Kultur und Wissenschaft

München zählt zwei **Musiktheater** (Nationaltheater, Theater am Gärtnerplatz), zwei große **Schauspielhäuser** und zahlreiche **Boulevardbühnen.** Jährlich veranstaltet in den Sommermonaten die Bayerische Staatsoper die **Münchner Festspiele.**

Entwicklung der Stadt München

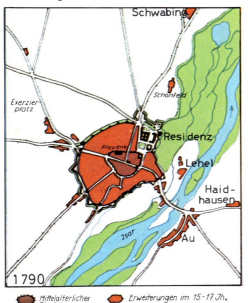
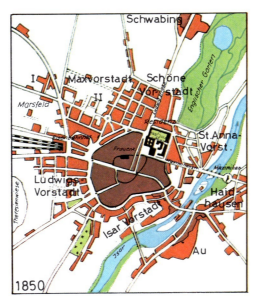
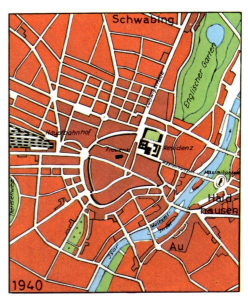

1970 – siehe Stadtplan

Innenstadt von München mit Dom, Peterskirche und Rathaus

München, Blick auf das Deutsche Museum

Der Ruf Münchens als Stadt der Malerei fußt auf seinen zahlreichen Gemäldegalerien, von denen die **Alte Pinakothek** zu den berühmtesten der Welt gehört.

München ist die Stadt mit den meisten Museen in der Bundesrepublik Deutschland.

Weltbekannt ist das Deutsche Museum, das in einmaliger Weise Entwicklung und Fortschritt von Technik und Naturwissenschaft zeigt.

Fast 40 000 Studenten, darunter Vertreter der meisten Nationen, besuchen die größte deutsche Universität, die technische Hochschule, die Akademie der bildenden Künste und viele andere Bildungsstätten.

Universität

München, eine Industriestadt

Sie zählt 865 Industriebetriebe mit 650 000 Beschäftigten, wovon täglich 300 000 einpendeln.

Die wichtigsten Industriezweige sind:

Maschinenbau, Fahrzeugbau (BMW, MAN), Flugzeugbau (Messerschmitt-Bölkow), Stahlbau, Eisen-, Blech- und Metallwaren, Elektro- und Feinmechanik, Optik, Braugewerbe, Nahrungs- und Genußmittel, Chemische Industrie, Bekleidungsindustrie.

1. Nenne Erzeugnisse der einzelnen Industriezweige!
2. Welche Rohstoffe sind dafür erforderlich?
3. Was sagt dir die Karte über die Rohstoffvorkommen im Raum München aus?
   Folgerung?

München, eine Millionenstadt

Bevölkerungsziffern der Stadt im Laufe der Jahrhunderte

Jahr	Bevölkerung	Jahr	Bevölkerung	Jahr	Bevölkerung
1000	600	1700	29 000	1920	654 000
1200	1 000	1800	40 000	1940	826 000
1400	11 000	1850	94 000	1960	1 102 000
1500	13 000	1870	169 000	1970	1 300 000
1600	18 000	1900	499 000	2000	2 000 000

Die Bevölkerungsziffer für das Jahr 2000 ist geschätzt.

Arabellahaus

München ist nach Berlin West mit 2,2 Millionen und Hamburg mit 1,8 Millionen Einwohnern die drittgrößte Stadt der Bundesrepublik Deutschland.

Münchens Trinkwasser kommt aus der Münchner Schotterebene und dem Mangfallgebiet. In einer Sekunde liefern die Wasserhähne der Stadt 6500 l Wasser; der Jahresverbrauch beläuft sich auf 134 Mill. cbm. Damit könnte der Schliersee dreimal gefüllt werden.

Den erforderlichen elektrischen Strom liefern südbayerische Kraftwerke. Das Leitungsnetz der Stadt umfaßt 8000 km.

Die Raffinerien von Ingolstadt versorgen München mit Leichtöl und Benzin.

Ein wichtiges Problem bildet die **Entsorgung.** Der Müll wurde früher zu Müllbergen angeschüttet; heute hilft bei seiner Beseitigung eine Müllverbrennungsanlage. Die Abwässer werden in großen Kläranlagen gereinigt.

1. Vergleiche die Bevölkerungsziffer von jeweils zwei aufeinanderfolgenden Jahren! Was kannst du erkennen?
2. Sprich dich über den Begriff „Entsorgung" aus!

Der Bedarf an Wohnungen für die enorm anwachsende Bevölkerung war nur durch den Bau von **Trabantenstädten** zu decken. **Entlastungssiedlungen** an der Peripherie der Stadt entstanden in Fürstenried, Perlach und am Hasenbergl. Die Entlastungsstadt Perlach wird mit 75 000 Bewohnern die größte ihrer Art sein. Sie bietet neben Wohnraum auch Arbeitsplätze und Gemeinschaftseinrichtungen. Mehr und mehr entwickelt sich die Verflechtung Münchens mit dem Umland zu der größeren Einheit „Region München". Sie umfaßt bereits 150 Gemeinden der benachbarten Landkreise.

Darüber solltest du berichten können!

– Trabantenstädte stellen eine echte Entlastung einer überbevölkerten Stadt dar.

München, ein Versorgungszentrum

„In der Großmarkthalle hasten die Händler zwischen den Kaufständen hin und her. Lastkraftwagen und Elektrokarren bringen ständig frische Ware von den Güterzügen oder fahren sie ab. Hier kannst du 60 verschiedene Arten von Obst und Gemüse aus rund 40 Ländern aller Erdteile zählen. Die Hälfte des in der Bundesrepublik Deutschland eingeführten Obstes und Gemüses nimmt den Weg durch die Münchner Großmarkthalle."

Aus „Über den Dächern von München" von Fritz Lutz

Der Schlacht- und Viehhof, größter süddeutscher Handelsplatz für Vieh und Fleisch

„Im Schlacht- und Viehhof können 2500 Rinder in Ställen, in der Kälbermarkthalle 4000, in der Schweinemarkthalle 8000 Tiere untergebracht werden. Jährlich verkaufen Händler 700 000 Stück Vieh im Viehhof an Metzger, Fleischgroßhändler und Viehexporteure."

Aus „Über den Dächern von München" von Fritz Lutz

1. Warum wurden die beiden Versorgungszentren am Südbahnhof errichtet?
2. Das rasche Anwachsen der Bevölkerungsziffer bringt eine Reihe von Problemen mit sich. Überlege!

München, Stadt der Messen und des Fremdenverkehrs

Kongresse, Handwerksmessen, internationale Lebensmittelausstellungen verschiedenster Art und die Sehenswürdigkeiten der Stadt locken jährlich viele Fremde nach München. So werden jährlich rund 3,5 Mill. Übernachtungen fremder Gäste gezählt. Die Verkehrsausstellung 1965 zog allein 3,2 Mill. Besucher an.

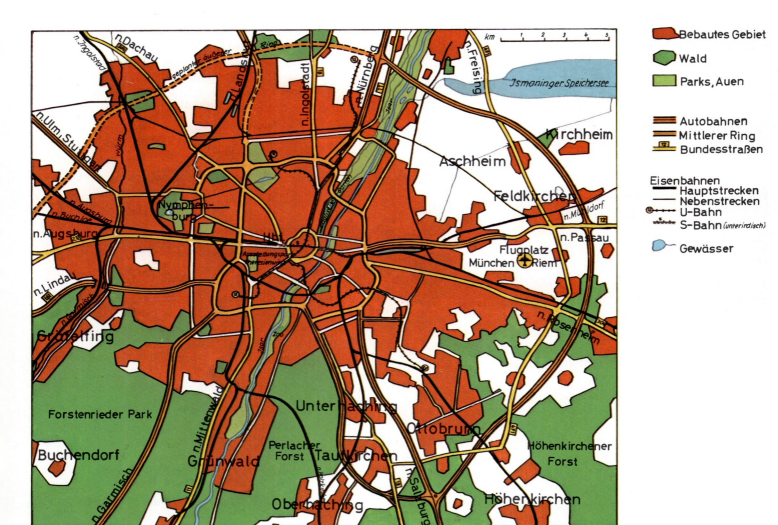

Verkehrsnetz von München

München, ein Verkehrszentrum

1. Die Verkehrsverbindungen Münchens zu Lande kannst du der Karte entnehmen.
2. Einen Eindruck von der Verkehrsdichte der Innenstadt vermittelt dir das Bild auf S. 59.
3. Vom Flugplatz Riem aus können 34 Großstädte in aller Welt direkt angeflogen werden.
   Suche die in der Skizze aufgeführten Städte in deinem Atlas auf und ergänze folgende Tabelle!

Stadt	Land	Entfernung von München in km
Budapest	Ungarn	.... km

Jährlich werden in Riem rund 4 Mill. Fluggäste gezählt.

4. Zeichne einen Verkehrsstern von München! Nimm in die Skizze Autobahnen, Eisenbahn- und einige Fluglinien auf!

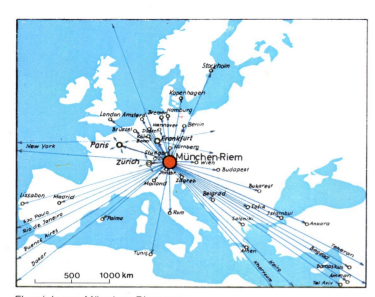

Flugziele von München-Riem aus

München, starker Verkehr am Mittleren Ring

Täglich berichtet der Rundfunk vom stehenden Verkehr in der City unserer Landeshauptstadt. Im Schneckentempo kriechen die Autoschlangen in mehreren Kolonnen nebeneinander durch die Straßen ihrem Ziel entgegen. Ursachen liegen einmal in der günstigen Verkehrslage der Stadt im süddeutschen Raum für den Durchgangsverkehr. Dazu kommt an Werktagen die Notwendigkeit der täglichen Beförderung von rund einer Dreiviertel Million Menschen, zu denen die 300 000 Pendler, die 400 000 Münchner Beschäftigten, Besucher und Studierenden gehören. Sie bedienen sich im **Individualverkehr** ihres eigenen Fahrzeuges und der **Massenverkehrsmittel.** Um die Innenstadt zu entlasten, gehen die Verantwortlichen an die Verwirklichung der bisher entwickelten Ringstraßenplanung, die einen Altstadt-, einen mittleren und einen äußeren Ring zur Verbindung der in München zusammentreffenden Autobahnen vorsieht. 2000 km lang ist das Straßennetz der Stadt; rund 40 km werden jährlich neu errichtet. Ergänzt wird dieses Programm durch den Ausbau des Straßenbahn-, Omnibus-, Untergrund- und Schnellbahnnetzes. In einem Tag befördern sie 780 000 Menschen.

1. Suche für die in diesem Abschnitt angeführten Zahlen Vergleichsgrößen!
2. Welche Bedeutung haben die Ringstraßen für den Durchgangsverkehr, für die City?

München, ein Verwaltungszentrum

1. Welche Vertreter der Gemeindeverwaltung kennst du?
2. Nenne Aufgaben der Gemeindeverwaltung!
3. Welche Aufgaben kommen der Landkreisverwaltung zu?
4. Nenne den Sitz der Regierungsbezirksverwaltung!

Seit 1949 hat der bayerische **Landtag** seinen Sitz im **Maximilianeum.** Im Plenarsaal des Gebäudes tagen bei Vollversammlungen die 208 vom Volk gewählten Landtagsabgeordneten aus den sieben Regierungsbezirken mit den Ministern der Staatsregierung. An ihrer Spitze steht der Ministerpräsident. Sie beraten und beschließen Gesetze, die im ganzen bayerischen Staatsgebiet für alle Bürger Gültigkeit haben.

München, Blick über die Isar zum Maximilianeum, dem Sitz des Bayerischen Landtags

München, das Olympiastadion

Unweit des Maximilianeums befindet sich das Gebäude der Regierung von Oberbayern. Die Dienststellen dieses Amtes beaufsichtigen die Landkreise und kreisfreien Städte Oberbayerns.
Im Landratsamt München amtiert die Verwaltungsbehörde des Landkreises München, der die um München liegenden Gemeinden erfaßt.
Die Verantwortung für das Wohl der Millionenstadt tragen der Oberbürgermeister mit den beiden Bürgermeistern und den Stadträten. Sie alle werden in freier, geheimer Wahl von den Bürgern Münchens gewählt. Die in den Stadtratssitzungen gefaßten Beschlüsse führen die Dienststellen der Stadtverwaltung, die im Rathaus untergebracht ist, durch.

Darüber solltest du berichten können!

- Aus der Geschichte der Landeshauptstadt.
- Die Lage der Stadt München birgt Vor- und Nachteile in sich.
- München, der süddeutsche Umschlaghafen von Lebensmitteln.
- Die verschiedenen Verwaltungen der bayerischen Hauptstadt.

- Was macht München zum beliebten Reiseziel?
- Münchens wirtschaftliche Bedeutung.
- Verkehrsprobleme einer Großstadt und deren Lösung.
- Massenverkehrsmittel tragen zum Umweltschutz bei.

Kernwissen:

Das Dorf „Zu den Münichen" entwickelte sich im Lauf von 1000 Jahren über die Fürsten- und Königsresidenz zur Millionenstadt und Landeshauptstadt des Freistaates Bayern. München ist Sitz der bayerischen Regierung, Universitätsstadt, Stadt der Prachtbauten, Museen, Kunstdenkmäler, Galerien, Ausstellungen, Messen, aber auch der Unterhaltungsstätten. Münchens Industrie erzeugt Produkte, die vom Lebensmittel bis zum Flugzeug reichen. Das starke Anwachsen der Bevölkerung brachte Versorgungs- und Transportschwierigkeiten mit sich. Trabantenstädte, der Ausbau des Verkehrsnetzes und die Schaffung von Massenverkehrsmitteln führen zur Entlastung der City.

Nachbarstädte Nürnberg-Fürth-Erlangen

1. Suche die drei Städte auf der Karte auf!
2. Die drei Nachbarstädte liegen im Regnitzbecken. Welche Gebirgszüge umrahmen es?
3. Welche Verkehrswege durchziehen das Becken?

Das Regnitzbecken liegt sehr günstig für den Verkehr nach allen Richtungen. Im Norden öffnet es sich zum Maintal, im Süden zum Altmühltal. Die Randgebirge im Westen und Osten stellen wegen ihrer geringen Höhe kein Hindernis für den Verkehr dar. So ist es verständlich, daß es schon in früheren Zeiten ein bevorzugtes Durchgangsland war. Bekannte Handelsstraßen führten durch das Becken von der Küste Norddeutschlands nach Italien, von Spanien und Frankreich hin zum Schwarzen Meer. Im Schnittpunkt dieser Verkehrslinien entstanden Fürth und Nürnberg.

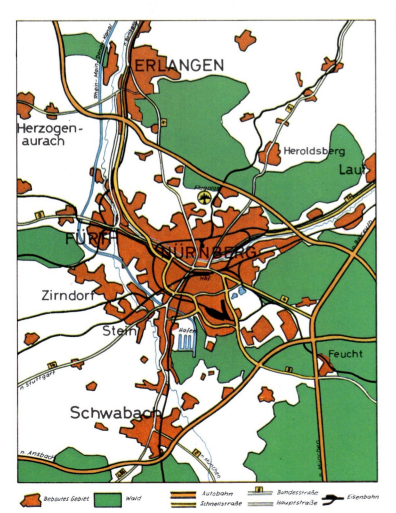

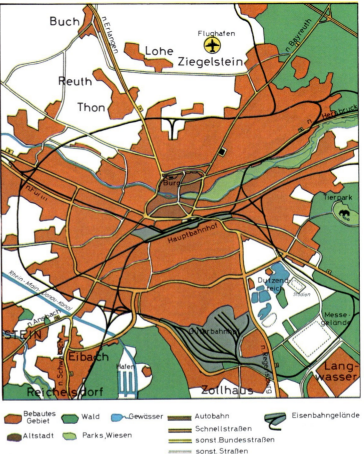

Stadtplan von Nürnberg

Im Schutze einer Burg an der Pegnitz emporgewachsen, entwickelte sich Nürnberg schneller als das ältere Fürth schon vor 700 Jahren zu einer berühmten Stadt. Seine Bürger trieben vor allem Handel mit Italien; sie tauschten Gewürze, Südweine, Seidenstoffe und Teppiche gegen die Erzeugnisse der kunstfertigen und erfinderischen Nürnberger Handwerker. Zeug- und Nagelschmiede, Waffenschmiede, Uhrmacher, Zirkelschmiede und Brillenmacher, Zinn-, Erz- und Glockengießer, Gold- und Silberschmiede waren in keiner deutschen Stadt so zahlreich wie gerade hier. Aus dieser Zeit stammt das Sprichwort: Nürnberger Witz und Nürnberger Tand gehen durch das weite Land. Der Reichtum der Stadt fand auch in der Pflege der Künste und Wissenschaften seinen Niederschlag.

Altstadt mit Burg nach dem Zweiten Weltkrieg

Trabantenstadt Langwasser

Altstadt – Lorenzkirche mit Burg – heute

Messezentrum

Aus den blühenden Handwerksbetrieben entwickelten sich im Lauf der Zeit weltbekannte Industriewerke wie Siemens-Schukkert, die AEG und die Maschinenfabrik Augsburg-Nürnberg (MAN). Andere Fabriken stellen Eisenbahnwagen, Triebwagen, Elektromotoren, Land- und Überseekabel, Kraftfahrzeuge, Fahrräder, Drahtwaren, Schreib- und Werkzeugmaschinen und optische Geräte her. Weltbekannt sind der Nürnberger Christbaumschmuck, die Blei- und Farbstifterzeugung, die Nürnberger Lebkuchen und Spielwaren. Jährlich findet hier die „internationale Spielwarenmesse" statt.

Fürth ist bekannt durch das größte europäische Versandhaus „Quelle", durch die Grundigwerke und durch seine Möbelfabrikation. Durch die Verlegung der Forschungs- und Verwaltungsbetriebe der Siemenswerke von Berlin nach Erlangen, erfuhr die Universitätsstadt neuen Aufschwung.

1. Welche Rohstoffe benötigen die Industriezweige der Städte Nürnberg-Fürth? Welche davon kann das Umland liefern?
2. Sprich dich über die Darstellung der Verkehrswege durch das Regnitzbecken aus und begründe ihre Bedeutung für die Städte Nürnberg und Fürth!

Im Zweiten Weltkrieg wurden ungefähr 9 Zehntel aller Gebäude Nürnbergs beschädigt oder zerstört. 12 Millionen Kubikmeter Schutt mußten im Verlauf des Wiederaufbaus beseitigt werden. Geschichtlich wertvolle Gebäude wurden renoviert, über 100 000 Neubauwohnungen innerhalb von 20 Jahren errichtet. Während

Stadtplan von Langwasser

die Stadt vor dem Krieg 423 000 Einwohner zählte, hat sie heute 470 000 Bewohner und ist damit die zweitgrößte Stadt Bayerns. Im Rahmen der Neubeschaffung von Wohnraum entsteht im Südosten Nürnbergs die **Trabantenstadt** Langwasser. 10 000 Einwohner sind bereits in die neue Siedlung eingezogen, die nach modernen städtebaulichen Gesichtspunkten entsteht. 60 000 Einwohner soll sie nach Fertigstellung zählen.

1. Sprich dich über die sinnvolle Anlage der Trabantenstadt aus! Beachte die Straßenführung, die Gestaltung der City, die Lage der Wohngebiete, die Verteilung der Schulen!
2. Ein Heizwerk ersetzt die Heizungen der einzelnen Wohnungen. Welche Bedeutung hat dies für den Umweltschutz?
3. Welche Vor- und Nachteile hat ein Heizwerk für den einzelnen Wohnungsbesitzer?

Im letzten Jahrzehnt erfuhren die drei Städte Nürnberg, Fürth und Erlangen einen ungeahnten wirtschaftlichen Aufschwung und eine damit eng verbundene flächenmäßige Ausdehnung der Bebauungsflächen, daß sie fast zu einem einzigen Siedlungs- und Wirtschaftsraum zusammengewachsen sind. Rund 1 Million Menschen bewohnen das Gebiet, das nach der Landeshauptstadt die zweitgrößte Industrieballung Bayerns darstellt.

Darüber solltest du berichten können!

– Wie die Randgebirge des Regnitzbeckens heißen.
– Das Regnitzbecken, ein verkehrsreiches Durchgangsland einst und jetzt.
– Die bekanntesten Industriezweige Nürnbergs.
– Über die Bedeutung und zweckmäßige Anlage der Trabantenstadt „Langwasser".
– Über die Bedeutung zentraler Heizwerke.

Kernwissen

Nürnberg liegt im Regnitzbecken. Hier kreuzten sich im Mittelalter zwei stark befahrene Handelsstraßen. Nürnberg hat sich mit den Nachbarstädten Fürth und Erlangen zum zweitgrößten industriellen Ballungszentrum Bayerns entwickelt. Weltruf erlangte es vor allem durch die internationalen Spielwarenmessen. Der fast völligen Zerstörung im Zweiten Weltkrieg folgte der planmäßige Wiederaufbau der Stadt, der die Errichtung der Trabantenstadt „Langwasser" mit 60 000 Bewohnern vorsieht.

Städteballung im Ruhrgebiet

Ruhrgebiet einst und jetzt

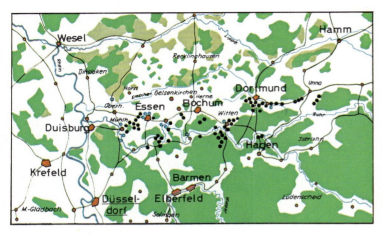 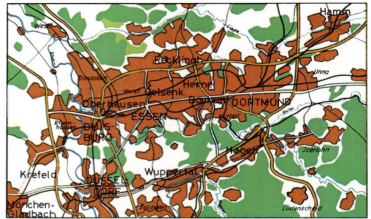

1. Suche auf der Karte das Gebiet zwischen Rhein, Ruhr, Lippe und Ems – das Ruhrgebiet – auf! Was fällt dir auf?
2. Was sagen die Sonderkarten „Bodenschätze" und „Industrie" im Atlas über dieses Gebiet aus?
3. Zeichne eine Skizze des Eisenbahnnetzes im Ruhrgebiet! Vergleiche seine Dichte mit der deiner Heimat!
4. Verfolge auf der Karte den Verlauf der Kanäle im Ruhrgebiet! Welche Flüsse verbinden sie?
5. Die Bevölkerungsdichte des Ruhrgebietes beträgt 1600, die Bayerns 150. Vergleiche!
   Zeichne zwei Quadrate mit der Seitenlänge von 5 cm. Trage in einem die Bevölkerungsdichte des Ruhrgebietes, im andern die Bayerns ein! (1 Punkt entspricht 10 Einwohnern).
6. Welche Probleme birgt die hohe Bevölkerungsdichte in sich? Denke z. B. an die Trinkwasserversorgung!
7. Ermittle die Namen von Städten des Ruhrgebiets! Präge sie dir ein!
8. Bestimme die Entfernung der 4 größten Städte des Ruhrgebietes voneinander!

Essen	700 000	Einwohner
Dortmund	650 000	Einwohner
Duisburg	450 000	Einwohner
Gelsenkirchen	350 000	Einwohner

   Vergleiche mit den Entfernungen der Großstädte Bayerns!
9. Reise nach dem Kursbuch von deinem Heimatort nach Essen (Strecke? Entfernung? Fahrpreis?)
10. Vergleiche die beiden Karten des Ruhrgebietes! Welche Veränderungen erfuhren Landschaftsbild, Siedlungen und Verkehrswege?

Vor rund 150 Jahren war das Ruhrgebiet Acker- und Weideland. Felder, Wiesen, Weiden, Wälder und Wasserläufe bestimmten das Bild der nur dünn besiedelten Landschaft, die Bauern ein sicheres Einkommen bot. Sie bestellten ihre Felder, gruben aber auch schon im Tagebau nach Kohle, die sie für den Hausbrand verwendeten. Einen entscheidenden Wendepunkt bringt für das Ruhrgebiet die Erfindung der Dampfmaschine. Sie ermöglicht die Förderung der Kohle aus größeren Tiefen, benötigt sie zum eigenen Antrieb, bietet Energie für Industriebetriebe, die Kohle verarbeiten, ermöglicht den Transport des schwarzen Goldes in entfernte Gebiete. Immer öfter sprechen Interessenten bei den Bauern vor und kaufen ihnen das Land für gutes Geld ab, um nach Kohle zu schürfen. Fördertürme schießen wie Pilze aus dem Boden, die Wälder fallen der Axt zum Opfer, ihr Holz verschwindet in Schächten und Stollen. Die Zechen ziehen Arbeiter aus nah und fern an. Sogar aus Polen werden Hauer geholt. In schmucklosen Mietshäusern, die alle gleiches Aussehen haben, werden die Bergleute mit ihren Angehörigen untergebracht. Kauf- und Geschäftsleute, Handwerker, Gastwirte und Unternehmer von

Vergnügungsstätten siedeln sich an. Schulen und Kirchen, Wasser- und Elektrizitätswerke werden gebaut, neue Siedlungen mit den erforderlichen Verwaltungen entstehen. Es folgen Ausbau des Straßen- und Schienennetzes, der Bau von Kanälen, um die geförderte Kohle zu Lande und zu Wasser ins Landesinnere befördern zu können.

Damit die Transportkosten für die wertvolle Energie- und Rohstoffquelle gesenkt werden können, baut man Fabriken in die Nähe der Zechen. **Kokereien** stellen aus Kohle Koks, Heizgas und Teer her. **Chemische Fabriken** gewinnen aus Teer Farben, Arzneimittel und Kunststoffe, in **Hochofenanlagen** werden mit Hilfe von Koks eingeführte Eisenerze eingeschmolzen. **Gießereien, Stahl- und Walzwerke** verarbeiten das gewonnene Roheisen zu Stahl, Platten, Blechen, Rohren und Drähten. Diese „eisenschaffende und eisenverarbeitende Industrie" wird als **Schwerindustrie** bezeichnet. Das Ruhrgebiet ist heute das größte Wirtschaftsgebiet Deutschlands und eines der bedeutendsten Industriegebiete der Erde. Es hat das Bild der einstigen Landschaft vollkommen verändert.

Ein Wald von Fabrikschornsteinen, Kohlen- und Schutthalden, Hochofenanlagen, Rohrleitungen, Werkhallen, Fabrikbauten beherrscht das Bild. Die rauchenden Schlote bei Tag, die flammenden Hochöfen bei Nacht sind ständige Zeugen eines ruhelosen Arbeitstempos der Menschen im „**Kohlenpott**". Ein gewaltiger Lärm erfüllt das ganze Gebiet; die Luft war lange Zeit von Kohlenstaub durchsetzt, der sich auf alle Gegenstände niederschlug. Zwischen den Fabrik- und Verkehrsanlagen dehnt sich ein unübersehbares Häusermeer. Hier wohnen all die vielen Hunderttausende von Menschen. In der Kernzone des Reviers leben 2500 Menschen auf dem Quadratkilometer, eine Siedlungsdichte, die zehnmal so groß ist wie die der Bundesrepublik Deutschland. Seit hundert Jahren ist die Bevölkerungsziffer des Ruhrgebiets um das Fünffache gewachsen.

Die Industrialisierung birgt besondere Erschwernisse in sich. So rechnet man auf eine Tonne geförderter Kohle 2500 l Wasser, für die Erzeugung einer Tonne Stahl 15 000 l. Das Ruhrrevier braucht jährlich etwa 90 Milliarden hl Wasser.
Dem Abwasser werden in vielen Kläranlagen Schmutz und Giftstoffe entzogen, ehe sie dem Rhein zugeführt werden. Kostspielige Anlagen filtern in den Schornsteinen den Staub und die Giftstoffe der Abgase. Um die ständig gefährdete Gesundheit der Menschen zu schützen, sorgen die Stadtverwaltungen für genügend Grünanlagen, Sportplätze, lärmfreie Fußgängerzonen in der City der Großstädte, die gleichzeitig Versorgungszentren des Ruhrgebietes sind.

Blick vom Förderturm der Zeche Fritz Heinrich in Essen-Altenessen

Bahnhofstraße in Gelsenkirchen

Grugapark in Essen

Im Norden schließt an das Ruhrgebiet das Münsterland. Beweise anhand einer Sonderkarte, daß es die „Vorratskammer" des Ruhrgebietes ist!

Darüber solltest du berichten können!

– Wie das heutige Ruhrgebiet entstanden ist.
– Daß es die größte Städteballung in der Bundesrepublik Deutschland darstellt.
– Wie die Haupterzeugnisse des Ruhrgebietes lauten.
– Welche Erschwernisse die Industrialisierung einer Landschaft mit sich bringt.
– Welcher Unterschied zwischen dem einstigen und dem heutigen Kohlenpott besteht.

Kernwissen

Das Ruhrgebiet liegt zwischen Rhein, Ruhr, Lippe und Ems. Wegen der reichen Kohlenvorkommen wurde es im Laufe von 100 Jahren zum größten Wirtschaftsgebiet der Bundesrepublik Deutschland. Die industrielle Erschließung des Landes verwandelte sein äußeres Bild vollkommen. Die hohe Bevölkerungsdichte bedingt die Ballung von Städten auf kleinem Raum. Die Industrialisierung birgt hinsichtlich der Verunreinigung von Luft und Wasser Gefahren in sich. Eisenschaffende und eisenverarbeitende Industrie wird als Schwerindustrie bezeichnet. Ruhrgebiet und angrenzendes Münsterland ergänzen einander.

Berlin – 74 Jahre Deutschlands Hauptstadt – heute geteilte Stadt

1. Beschreibe die genaue Lage der Stadt!
2. Stelle nach Karte und Kursbuch eine Fahrt von deinem Heimatort nach Berlin zusammen! Beachte Grenzübergänge! Entfernung? Fahrpreis?
3. Welche Bahnlinien, Autobahnlinien und Wasserwege gehen von Berlin aus? Zeichne einen Verkehrsstern von Berlin!
4. Die N-S-Ausdehnung Berlins beträgt 40 km, die W-O-Ausdehnung 45 km, die Gesamtfläche 900 qkm. Suche Vergleichsgrößen in der Heimat!
5. Berlin entwickelte sich zu einer der größten Städte der Erde.

Jahr	Einwohner	Jahr	Einwohner
1650	6 000	1925	4 000 000
1750	100 000	1931	4 300 000
1850	300 000	1941	4 340 000
1900	2 700 000	1960	3 300 000

Bayern zählt gegenwärtig 12 Mill. Einwohner. Vergleiche!

Berlin, Kurfürstendamm mit Kaiser-Wilhelm-Gedächtniskirche im Hintergrund

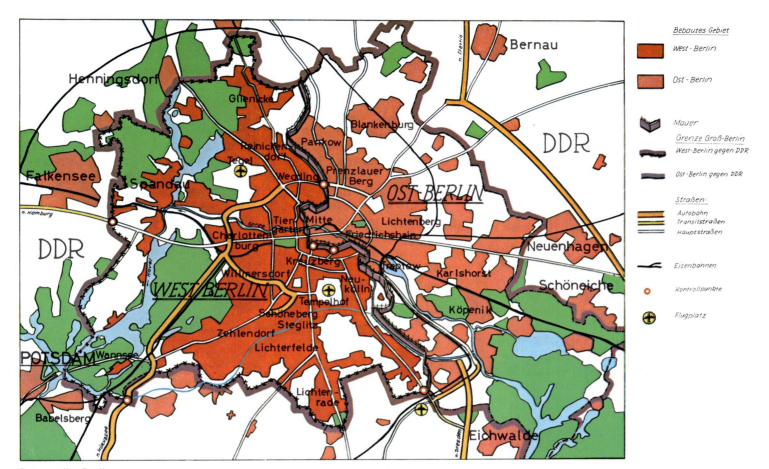

Das geteilte Berlin

1. Welche Folgen hat die Mauer für die Versorgung Westberlins, für die Erholung seiner Bewohner und die Abhängigkeit von Ostberlin?
2. Ermittle aus dem Plan die Sektorenübergänge zwischen West- und Ostberlin!

Das Fischerdorf Cölln auf einer Spreeinsel und die am Nordufer anschließende Siedlung Berlin bilden den Kern der einstigen Reichshauptstadt. Als Sitz der Regierung war Berlin während des Zweiten Weltkrieges heftigen Luftangriffen ausgesetzt und wurde außerdem gegen Ende des Krieges in harten Straßenkämpfen stark zerstört. Jede dritte Wohnung der Stadt fiel in Schutt und Asche. Nach dem Zusammenbruch und der bedingungslosen Kapitulation Deutschlands im Jahr 1945 kam die Millionenstadt unter amerikanische, englische, französische und sowjetische Verwaltung. Die Sektoren der westlichen Besatzungsmächte wurden zu **Westberlin** zusammengeschlossen, der sowjetische Sektor, **Ostberlin** genannt, ist Sitz der Regierung der Deutschen Demokratischen Republik (DDR). Bis zum 13. August 1961 war es den Berlinern möglich, sich innerhalb der Sektoren frei zu bewegen. Da aber die Zahl der Arbeitskräfte, die aus der DDR nach Westberlin abwanderten, von Jahr zu Jahr anstieg, trennte die Regierung der DDR beide Stadtteile entlang der Sektorengrenze durch eine Betonmauer.

3. Welche Folgen hatte die Zonenflucht für den wirtschaftlichen Wiederaufbau der DDR?

Westberlin wird zur Stadt ohne Umland

Mit der Errichtung der Mauer wurden zu Westberlin die Verbindungsstraßen zerstört, Eisenbahnlinien stillgelegt, Wasserstraßen gesperrt, Strom- und Fernsprechverbindungen unterbrochen, die Versorgung mit Trinkwasser unterbunden, die Übergänge kontrolliert. Westberlin war vom Umland abgeschlossen, daher mußte die Versorgung der 2,1 Millionen Menschen mit Nahrungsmitteln und der Industrie mit Rohstoffen und Energiequellen neu organisiert werden.

Da Westberlin das Hinterland fehlt, erbringt die Selbstversorgung verschwindend wenig. Als wichtigster Lieferant auf allen Gebieten kommt nur die Bundesrepublik Deutschland in Frage. Die Verbindungsmöglichkeiten beschränken sich zwischen ihr und West-Berlin auf eine Autostraße, drei Autobahnen, vier Bahnlinien, zwei Wasserstraßen und drei Luftwege. Nur diese entziehen sich der Kontrolle der DDR-Behörden.

Wie wichtig der unkontrollierte Luftweg für die Versorgung der Stadt werden sollte, zeigten die Jahre 1948 und 1949. In dieser Zeit ließen die Sowjets Bahnlinien, Kanäle und Straßen für den Gütertransport nach Westberlin sperren. In einer einmaligen Hilfsaktion versorgten die Westmächte über „die Luftbrücke" die Stadt. Alle zwei Minuten landeten Flugzeuge rund um die Uhr auf den Flughäfen Tegel, Tempelhof und Gatow, Wasserflugzeuge auf der Havel mit allem, was für die Menschen lebensnotwendig und für die Erhaltung ihrer Arbeitsplätze unbedingt erforderlich war.

Der Abschluß des Grundvertrages zwischen der Bundesrepublik Deutschland und der DDR im Jahre 1974 erbrachte für die Beziehungen der Menschen in West- und Ostberlin Erleichterungen. Trotz der Insellage im Gebiet der DDR hat sich Berlin mit seinen 6000 Industriebetrieben zur größten Industriestadt Deutschlands entwickelt. Vorrangige Industriezweige sind Elektrotechnik, Maschinenbau, Bekleidungs-, Nahrungsmittel- und chemische Industrie. Sämtliche Rohstoffe, die aus der Bundesrepublik Deutschland nach Westberlin geliefert werden, müssen zusätzlich 200 km befördert werden, das gleiche trifft auf die Fertigwaren zu, die Westberlin verlassen. Der kostspielige Transport wirkt sich auf die Preise der Waren aus.

Westberlin ist neben München eine der führenden Kongreß- und Messestädte („Grüne Woche", Industrieausstellungen, Nahrungsmittelmessen).

Tegeler See, Wannsee, Grunewald, Spandauer- und Tegeler Forst sind die einzigen Erholungsgebiete der Millionenstadt.

Eine Mauer trennt Westberlin von Ostberlin

Darüber solltest du berichten können!

- Warum die einstige deutsche Hauptstadt Berlin in West- und Ostberlin geteilt wurde.
- Warum Westberlin eine „Inselstadt" ist.
- Wie sich das Fehlen des Umlandes auf die Versorgung der Bewohner, die Industrie und die Freizeit der Bewohner auswirkt.
- Welche Folgen der zusätzliche Transport der Rohstoffe und Fertigwaren in die Bundesrepublik Deutschland verursacht.

Kernwissen

Der verlustreiche Ausgang des Zweiten Weltkrieges brachte die Teilung Deutschlands und seiner einstigen Hauptstadt mit sich. Die Zerstörung der Stadt während des Krieges ermöglichte jedoch ihren planmäßigen Wiederaufbau. Westberlin befindet sich mitten im Gebiet der DDR. Trotz seiner Insellage hat es sich wieder zur größten deutschen Industriestadt emporgeschwungen. Die durch Mauer und Stacheldraht bedingte Isolierung erschwert die Versorgung der Bevölkerung und Industrie, wirkt sich ungünstig auf den Verkauf der Industrieprodukte und auf Erholungsmöglichkeiten der Bewohner aus.

Erholungsräume

Ausflug am Wochenende

1. Welche Erholungsräume kannst du von deinem Wohnort aus schnell erreichen? Welche Erholungsmöglichkeiten bieten diese Erholungsräume?
2. Es gibt Erholungsmöglichkeiten im Wohnort selbst und in der Nähe des Wohnortes. Welche Erholungsmöglichkeiten ziehst du vor? Begründe deine Wahl!
3. Überlege, warum es notwendig ist, daß wir uns am Wochenende erholen! Das nachfolgende Gespräch gibt neben Erholungszielen auch Gründe für Erholung am Wochenende an.

Es ist Freitag 16 Uhr. Der letzte Arbeitstag der Woche ist zu Ende. Zwei Arbeitskollegen unterhalten sich auf dem Heimweg über ihre Wochenendpläne.
„Hoffentlich bleibt das Wetter weiterhin so prächtig. Ich möchte mit meiner Frau und meinen beiden Kindern hinaus in das Naturschutzgebiet. Du weißt ja, Franz, daß wir gern durch Wald und Feld wandern, um die Tiere in freier Wildbahn zu beobachten. Seit der neue Lehrpfad eingerichtet ist, ist eine Wanderung doppelt lohnend. Außerdem kann man sich dort so richtig erholen. Weit und breit kein Auto. Für sie ist ja die Zufahrt verboten."
„Ich kann mir schon denken, daß dies Spaß macht. Wir fahren lieber ein Stück mit dem Auto weg und übernachten im Zelt auf einem Campingplatz. In seiner Nähe sind zahlreiche Sportanlagen eingerichtet: ein Fußballplatz, ein Minigolfplatz und eine Spielwiese mit Kinderspielplatz. Sogar ein kleiner See mit Bootsverleih ist vorhanden. Ein Paradies für jeden Sportsfreund! Nach einer Woche Geistesarbeit im Büro ist das gerade der richtige Ausgleich."

1. Die beiden Arbeitskollegen haben unterschiedliche Vorstellungen über einen erholsamen Wochenendausflug. Stelle sie gegenüber! Wie würdest du dich entscheiden?
2. Zwei Wanderkarten sind auf dieser Seite abgedruckt. Betrachte sie! Stelle hierauf fest, welche Wanderkarte mehr den Ausflugsplänen von Franz und welche denen von Peter entspricht. Begründe deine Wahl!
3. Orientiere dich, was der Ausdruck „Lehrpfad" bedeutet.
4. Die beiden Wanderkarten enthalten noch eine Reihe weiterer Ausflugsziele und Einrichtungen. Sprich darüber!
5. Stelle anhand der beiden Wanderkarten selbst einen Plan für einen Wochenendausflug zusammen!

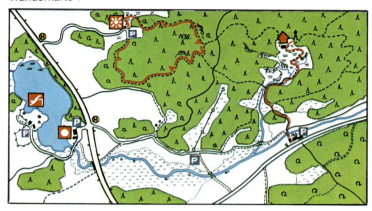

Wanderkarte 1

Wanderkarte 2

Naherholungsräume Augsburgs

Menschen, die in der Stadt wohnen und arbeiten, suchen meist Erholung außerhalb der Stadt. Augsburgs Naherholungsgebiete für Wochenendausflüge haben sich in den letzten Jahren immer mehr erweitert. Zum Teil wurden in gewachsenen Naturräumen vom Menschen zusätzliche Erholungsmöglichkeiten wie befestigte Wanderwege, Trimm- und Naturlehrpfade, Kinderspiel-

Kuhsee bei Augsburg

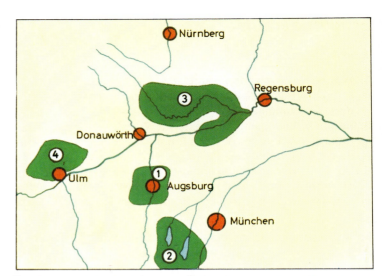

① Augsburger Waldgebiete   ③ Altmühltal u. mittleres Donautal
② Ammersee und Starnberger See   ④ Schwäbische Alb

Naherholungsräume für die Großstadt Augsburg

plätze, Grill- und Feuerstellen und sogar Badeseen angelegt. Wir fragten Bewohner Augsburgs nach ihren Erholungszielen am Wochenende:

Rosemarie M., 38 Jahre: „Wir fahren am Wochenende am liebsten an den Kuhsee. Da hat jeder von unserer Familie geeignete Erholungsmöglichkeiten. Die Kinder können auf dem Abenteuerspielplatz herumtollen oder Fahrradtouren ohne Gefährdung durch Autos unternehmen, mein Mann und ich nehmen ein Sonnenbad oder schwimmen eine Runde."

Karl S., 55 Jahre alt: „Meine Frau und ich sind begeisterte Wanderer. Durch die Erschließung des Naherholungsgebietes „Augsburgs westliche Wälder" steht jetzt ein riesiges Wandergebiet durch Wiesen und Wälder mit befestigten Wanderwegen und Rastplätzen zur Verfügung. Außerdem sind wir Liebhaber bayerisch-schwäbischer Brotzeiten, die in den zahlreichen Landgasthöfen in diesem Gebiet angeboten werden."

Ehepaar Sattler, beide 25 Jahre alt: Wir fahren am Wochenende am liebsten an den Ammersee zum Segeln oder Windsurfen. Eine knappe Stunde brauchen wir mit dem Auto. Das Ammerseegebiet hält außerdem noch eine ganze Reihe von Freizeit- und Erholungsmöglichkeiten bereit: Schwimmen, Reiten, Golf und Tennis spielen."

1. So wie die Großstadt Augsburg haben auch andere Großstädte für die Erholung ihrer Bewohner Naherholungsgebiete. Bestimme anhand einer Karte deines Atlasses und der bisher genannten Erholungsmöglichkeiten die Naherholungsgebiete von München, Nürnberg und Würzburg!

2. Durch den Ausbau der Verkehrsverbindungen, den Besitz eines Autos und der Verringerung der Arbeitszeit ist es heute möglich, in kurzer Zeit Erholungsräume aufzusuchen, die 100 km bis 200 km vom Wohnort entfernt liegen. Suche solche Naherholungsgebiete auf der Karte für die Bewohner der Städte Frankfurt, Offenbach und Darmstadt!

Ballungsraum Frankfurt

Die zunehmende Bevölkerungszahl und die fortschreitende Industrialisierung bewirken eine fortschreitende Abnahme der Erholungsmöglichkeiten in stadtnahen Gebieten. Einfallsreichtum von Fremdenverkehrsverbänden und der Bundesbahn suchen diesen Veränderungen zu begegnen. Die Bundesbahn hat seit 1950 fast 1600 Kilometer Schiene stillgelegt. Ein Teil wurde zu Wander-, Rad- und Reitwegen genutzt. Der Vorsitzende des Schwäbischen Albvereins äußerte: „Es gibt keine schöneren und gefahrloseren Wege als die Bahndämme, denn sie haben keinen Autoverkehr und kaum Übergänge."

1. Berichte über derartige Bemühungen in der Nähe deines Heimatortes! Unterscheide dabei zwischen Neuanlage und Umgestaltung früherer Einrichtungen, z. B. Schienenweg zu Wanderweg!
2. Manche Menschen beschränken durch ihre Gedankenlosigkeit die Erholungsmöglichkeiten anderer. Überlege!
3. Auch innerhalb der Stadt bieten sich eine Menge Erholungsmöglichkeiten. Überlege!
4. Betrachte das Bild auf Seite 53 und überlege, welche Erholungsmöglichkeiten der Englische Garten bieten könnte!

Darüber solltest du berichten können!

Warum sollte der stadtnahe Erholungsraum so angelegt sein, daß die Interessen möglichst vieler Erholungsbedürftiger befriedigt werden kann?
Welche Anlagen sollen geschaffen werden?
Warum hat sich die Auffassung über die Erweiterung der Naherholungsräume in den letzten Jahrzehnten gewandelt?
Welche Maßnahmen werden in jüngster Zeit ergriffen, um die Erholungsräume zu erhalten und auszubauen?

Kernwissen

Der Mensch bedarf der Erholung in der frischen Luft, um sich gesund zu erhalten. Der Umkreis des Naherholungsraumes hat sich in den letzten Jahrzehnten erweitert, bedingt durch schnellere Fahrzeuge, höhere Löhne und längere Freizeit. Der Staat trägt den neuen Bedürfnissen Rechnung durch den Bau von guten Straßen und Erschließung von zusätzlichen Wandergebieten. Pflicht des Erholungssuchenden ist, den Erholungsraum sauber zu halten und keine Schäden anzurichten.

Wandern im Bayerischen Wald

1. Der Bayerische Wald ist Bayerns letzter Urwald. Nenne anhand des Bildes Merkmale des Urwalds und vergleiche mit einem Kulturwald!
2. Der Bayerische Wald ist ein beliebtes Wandergebiet. Betrachte das Bild von der Arberspitze und überlege, welche Beweggründe die Menschen haben könnten, hierher zu kommen!
3. Vergleiche die Bewaldung auf den beiden Bildern. Bedenke dabei, daß der Arber um einiges höher ist als die umliegenden Hügel.

Aus einem Prospekt
Bodenmais (anerkannter Luftkurort)

meistbesuchter Ferienort des Bayerischen Waldes – liegt am Fuße des Arbers – ruhige Lage – ein weitverzweigtes Netz von markierten Wanderwegen führt zu idyllischen Naturschönheiten des Bayerischen Waldes – Ausflugsmöglichkeiten zum Urwald-Naturschutzgebiet Höllbachsprung – erstklassige Pensionen und Hotels

Stelle anhand des obigen Prospektausschnitts fest, welche Erholungsmöglichkeiten gegeben sind! Betrachte hierzu auch die beiden Bilder!
Der Bayerische Wald stellt das größte geschlossene Waldgebiet in Mitteleuropa dar. Soweit das Auge reicht, überziehen dunkle Wälder das Land. Buche, Tanne und Fichte sind die häufigsten Baumarten. Die bewaldeten Bergrücken sind durchsetzt mit klaren Bergseen. Das Gebiet um den höchsten Berg des Bayerischen Waldes, den Arber, ist Naturschutzgebiet.

Blick auf den Arbergipfel

Im Naturschutzgebiet Höllbachsprung im Bayerischen Wald

1. Du hast bereits einiges darüber erfahren, wie ein Erholungsgebiet dem wandernden Erholungssuchenden erschlossen wird. Welche Maßnahmen hat man am Arber wohl durchgeführt?
   Überlege!
   Hier im Bayerischen Wald findet sich die sauberste Luft Deutschlands. Die Arberseewand wird nicht geforstet, um den Wald in seinem ursprünglichen Zustand zu erhalten. Umgestürzte Baumriesen werden nicht zur Seite geräumt. Ein anderes Urwaldgebiet am Ostabhang des Falkensteins wird „Höllbachsprung" genannt.
2. Der Bayerische Wald wird zuweilen auch als „Bayerns letzter **Urwald**" bezeichnet. Erläutere diese Bezeichnung anhand des Bildes und des Textes. Im Oktober 1970 wurde am Arber der „Naturschutzpark Bayerischer Wald" eröffnet. Das 128 qkm große Gebiet ist mit gutmarkierten Wanderwegen durchzogen, an denen Wildgehege mit Hirschen, Elchen und anderen Waldtieren liegen.
3. Du hast erfahren, daß der Naherholungsraum heute bis zu 200 km weit reicht. Stelle mit Hilfe nachfolgender Skizze auf dem Atlas fest, für welche **Ballungsräume,** das sind Gebiete mit

Wanderweg im Bayerischen Wald

Blick vom Arber

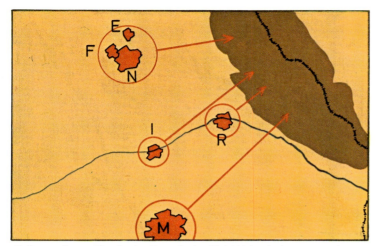

Ballungsräume, für die der Bayerische Wald Naherholungsraum ist

großer Bevölkerungsdichte, der Bayerische Wald als Naherholungsraum dient.
4. Begründe, warum gerade für den Großstädter ein Erholungsurlaub im Bayerischen Wald empfehlenswert ist!
5. Der Bayerische Wald galt lange Zeit als Bayerns Notstandsgebiet. Die Erschließung des Fremdenverkehrsgebiets verbesserte bereits nach kurzer Zeit die Wirtschaftslage vieler Bewohner des Bayerischen Waldes. Überlege, wer mit der Betreuung der Erholungssuchenden beschäftigt ist!
Notiere deine Gedanken stichpunktartig!

Durch den Regen wird der Bayerische Wald in den vorderen und in den hinteren Bayerischen Wald geteilt, während das Gebiet jenseits der deutsch-tschechischen Grenze den Namen Böhmer Wald trägt. Als Oberpfälzer Wald wird der Gebirgszug zwischen Further Senke und dem Fichtelgebirge bezeichnet.

1. Suche den Bayerischen Wald auf der Karte.
2. Suche den Böhmer- und Oberpfälzer Wald! Zeichne anschließend eine Grobskizze dieser drei Gebiete und trage die beiden im Text erwähnten Berge sowie einige Luftkurorte ein. Besorge dir einen Prospekt!
3. Nicht nur der Bayerische Wald bietet gute Möglichkeiten zum Wandern. Auch andere Mittelgebirge weisen markierte Wanderwege und Naturschutzgebiete auf.
Suche im Atlas weitere Mittelgebirge!

4. Nimm zu folgenden Behauptungen Stellung:
Der Fremdenverkehr fördert:
a) die Schaffung von Arbeits- und Verdienstmöglichkeiten
b) die Erhaltung der Arbeitskraft und der Volksgesundheit.

Darüber solltest du berichten können

Warum kann man sich im Bayerischen Wald erholen?
Für welche Ballungszentren ist der Bayerische Wald Naherholungsraum?
Welche Maßnahmen hat der Staat unternommen, den Bayerischen Wald als Erholungsraum auszugestalten?
Welche Bedeutung besitzt der zunehmende Fremdenverkehr für die Bewohner des Bayerischen Waldes?

Kernwissen

Für die Ballungszentren um Nürnberg, Regensburg, Ingolstadt und München ist der Bayerische Wald Naherholungsraum. Dank seiner weithin unberührten Natur und seiner reinen Luft ist er ein ideales Erholungsgebiet. Viele Einheimische finden in der Fremdenverkehrsbranche Arbeit und Brot.
Der Bayerische Wald gliedert sich in den vorderen und den hinteren Bayerischen Wald; das Gebiet zwischen der Further Senke und dem Fichtelgebirge wird Oberpfälzer Wald genannt. Das Gebiet jenseits der deutsch-tschechischen Grenze heißt Böhmerwald.

Urlaub im Allgäu

1. Laß dir von Schülern berichten, die schon einmal ihre Ferien im Allgäu verbracht haben!
2. Das Allgäu ist als Urlaubsgebiet im Winter ebenso begehrt wie im Sommer. Überlege!
3. Vielleicht kennst du bereits einige bekannte Erholungsorte im Allgäu.
Suche sie im Atlas!

Auf dem Schloßplatz in Hindelang sind vor einigen Augenblicken wieder drei Omnibusse mit Urlaubern aus Norddeutschland eingetroffen. Alle glauben hier in Hindelangs Umgebung den ihnen angemessenen Urlaub verbringen zu können. Der Fremdenverkehrsprospekt verspricht ihnen:
„Im Kurgebiet Hindelang können Sie nach Herzenslust wandern. 80 km markierte Wanderwege durchziehen gleich einem Netz Wiesen und Wälder. Unzählige Ruhebänke laden zur beschaulichen Ruhe ein – nicht selten treten Hirsche, ja sogar Gemsen in Ihr Blickfeld. Zwei Sesselbahnen erschließen Ihnen mühelos die höheren Regionen. Höhen- und Gipfelwege ermöglichen Hochtouren bis 2593 Meter – eine willkommene Abwechslung bieten Spiel- und Sportmöglichkeiten. Sei es Tennis, Minigolf und Angeln.
Vielseitige Kurmöglichkeiten bieten sich im Kneipp-, Schwefel-, Moor- und Heilbad. Eine Vielzahl Hotels, Cafés und Pensionen sorgen für Ihr körperliches Wohl. Folkloristische Veranstaltungen und Kinos sorgen für Unterhaltung."

Unterschiedlich sind die Urlaubswünsche der Erholungssuchenden. Der eine möchte hohe Berge erklettern; ihn locken die Gefahren einer Klettertour. Er sucht keine Bequemlichkeit. Der andere möchte mit seiner Familie einmal richtig ausspannen. Er wandert am liebsten, möchte Tier- und Pflanzenwelt der Alpen kennenlernen. Er würde gerne auf einer Almhütte sein Quartier beziehen. Ein Dritter kommt nach Hindelang, um durch Heilbäder und in reiner Luft sein rheumatisches Leiden zu kurieren. Ein Vierter dagegen legt Wert auf Bequemlichkeit und Komfort. Gutes Essen und Gemütlichkeit sind ihm alles. Mittels Lift und Bergbahnen will er von Aussichtspunkten die großartige Bergwelt betrachten.

Die Bürger von Hindelang legen Wert darauf, möglichst viele Urlauber in ihre Stadt zu ziehen. Aus diesem Grund haben sie in den letzten Jahrzehnten eine Vielzahl von Erholungsmöglichkeiten geschaffen, um jedem Urlauber das zu bieten, wonach er sich in seinem Urlaub sehnt.

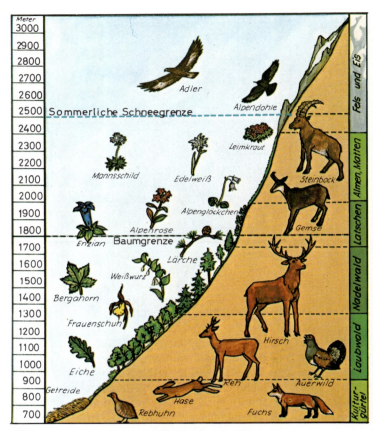

Die Vegetationsregionen der Berge und ihre Tierwelt

1. Stelle fest, durch welche Zeilen sich jeder der vier Urlauber vom Prospekt des Fremdenverkehrsvereins anlocken ließ!
2. Laden an Laden reiht sich im Fremdenverkehrsort. In vielen Fenstern hängt das Schild „English spoken" (Englisch wird gesprochen). Ziehe daraus deine Schlüsse!
3. Der Bergwanderer bekommt eine Reihe seltener Tiere und Pflanzen zu sehen. Viele dieser Pflanzen stehen unter Naturschutz. Betrachte obige Skizze!
4. Wer gern Bergtouren unternimmt, benötigt eine spezielle Ausrüstung. Betrachte nachstehende Ausrüstungsgegenstände und das Bild!
Erläutere den Verwendungszweck der einzelnen Geräte, die der erfahrene Hochalpinist verwendet!
5. Männer der Bergwacht müssen immer wieder Menschen aus Bergnot retten. Sammle Zeitungsberichte und finde Ursachen heraus, warum Menschen in den Bergen verunglücken!

Die Ausrüstung des Bergsteigers

Bergsteiger in der Wand

Sommerwanderung in den Bergen

Noch vor etwas mehr als einem Jahrhundert waren die Alpen eine **menschenfeindliche Landschaft.** Erst durch die Errichtung von Bergbahnen, Wanderwegen und Hotels kam ein Strom von Erholungssuchenden in dieses Gebiet. Mit dem Fremdenverkehr kam nicht nur Wohlstand in die Alpenorte; er veränderte auch das Ortsbild sowie die Tätigkeiten der Bewohner beträchtlich. Viele betreiben die Almwirtschaft heute nur noch als Nebenberuf. Fast jeder Bewohner lebt während der Saison in irgendeiner Weise vom Fremdenverkehr. Das ist kein Wunder, denn während der Hochsaison im Sommer und im Winter leben oft mehr Fremde in den Fremdenverkehrsorten als Einheimische.

1. Verwende die Angaben des Prospekts und fertige eine Liste von denjenigen Einrichtungen, deren Bau durch den Fremdenverkehr notwendig wurde. Denke dabei an Sommer und Winter!
2. Fertige eine vierstellige Tabelle darüber, welche Berufe für die Fremden arbeiten. Unterteile deine Tabelle nach folgenden Gesichtspunkten: Arbeit
   a) im Hotel- und Gaststättengewerbe,

b) in Bade- und Heilanstalten,
   c) in verschiedenen Geschäften,
   d) im Sportbetrieb.
3. Hindelang zählte 1970 704 000 Übernachtungen. Für Vollpension kannst du durchschnittlich 30,– DM annehmen. Der Preis für Kinder liegt bei etwa 20,– DM.
   a) Berechne, wie viele Urlauber Hindelang besuchten, wenn du eine Durchschnittsurlaubszeit von sieben Tagen annimmst;
   b) Berechne die Einnahmen der Bewohner von Hindelang durch Übernachtung und Essen, wenn du annimmst, daß ein Drittel der Fremden Kinder waren und alle Vollpension gebucht hatten;
   c) Zu diesen Einnahmen der Bewohner Hindelangs kommen noch eine Reihe weiterer. Nenne einige!
   d) Errechne die Kosten für einen 14-Tage-Aufenthalt einer Hamburger Familie mit zwei Kindern. Die Familie reist mit dem Auto ins Gebirge. Setze die Kosten für 100 km Autofahrt auf 10,– DM an. Neben den Übernachtungs- und Verpflegungskosten fallen täglich noch 30,– DM sonstige Ausgaben an.
4. Übernachtungen in Hindelang

Jahr	Zahl der Übernachtungen
1960	592 595
1964	667 309
1968	691 875
1970	703 996

   Begründe, warum erst im letzten Jahrzehnt der Fremdenverkehr so stark anstieg. Denke dabei an das, was du über die Entwicklung der Löhne und der Freizeitdauer erfahren hast.
5. Spricht man von den deutschen Alpen, meint man in Wirklichkeit drei Alpengebiete, nämlich die Allgäuer Alpen, die Bayerischen Alpen und die Salzburger Alpen. Die einzelnen Teile werden durch Flüsse voneinander getrennt. Dein Atlas hilft dir bei der Feststellung, in welche drei Teile sich die Alpen unterteilen, welches ihre höchsten Erhebungen sind und durch welche Flüsse sie begrenzt werden. Zeichne davon eine Skizze!
6. Die drei Alpenteile werden durch die Deutschen Alpenstraße verbunden. Suche sie auf der Karte! Übertrage das Alpengebiet einschließlich der Deutschen Alpenstraße auf ein Wandplakat. Besorge dir hierauf Prospekte von den einzelnen Fremdenverkehrsorten und beklebe das Wandplakat mit charakteristischen Bildern!

Skifahren – Freizeitvergnügen für Millionen

Auch im Winter sind die Berge ein lohnendes Erholungsgebiet. Das Oberjoch bei Hindelang ist eines der vielen Skiparadiese des Allgäus und darüber hinaus des Alpengebietes. Im Fremdenverkehrsprospekt wird das Wintersportgebiet beschrieben:
„Der Kenner sieht auf den ersten Blick, welch großartiges Skigebiet ihn hier erwartet. Maschinell gepflegte Pisten, elf Skilifte und eine Sesselbahn verbinden leichte und schwere Abfahrten untereinander. Das Oberjoch verbürgt Schneesicherheit. Vier Skischulen, Eislaufplatz, Rodelbahn, Eisstockschießen, geräumte Spazierwege, Schlittenfahrten, Wildfütterung zeugen von den Bemühungen, auch dem Nichtskiläufer Annehmlichkeiten zu bieten."

1. Der bekannteste Wintersportort Bayerns ist Garmisch-Partenkirchen. Hier fanden 1936 die Olympischen Winterspiele statt. In jedem Winter finden Eishockeyspiele, Skispringen auf der Olympiaschanze und Skiwettkämpfe statt. Was bewirken diese Veranstaltungen? Besorge dir einen Fremdenverkehrsprospekt beim Fremdenverkehrsverein Garmisch-Partenkirchen und lies nach, welche Erholungsangebote dieser Wintersportort für Nicht-Skifahrer macht! Was kannst du daraus schließen?
2. Die Panoramakarte von Garmisch-Partenkirchen zeigt dir, daß Lifte und Sesselbahnen den Aufstieg der Skiläufer erleichtern. Verschiedene Pisten sind durch Lifte miteinander verbunden. Das wird als Skizirkus bezeichnet. Welche Vorteile bringt ein Skizirkus für den Skiläufer?
3. Neben Oberjoch und Garmisch-Partenkirchen sind Oberstdorf, Reit im Winkl, Ruhpolding und Berchtesgaden bekannte

Skihang mit Liftanlage

Wintersportorte in den deutschen Alpen. Die bekanntesten Wintersportorte sind in Österreich Kitzbühel und Arlberg, in der Schweiz Davos und St. Moritz, in Italien Cortina. Suche diese Orte auf der Karte!

4. Eine Zeitungsmeldung:
„Gestern wurden bei St. Anton in Österreich 14 Menschen, darunter 9 Engländer, von einer Lawine verschüttet. Rettungsmannschaften der österreichischen Bergwacht, die sofort mit Hubschraubern zur Unfallstelle geflogen wurden, konnten bis jetzt nur drei Überlebende bergen. Man befürchtet, daß für die übrigen trotz des vorbildlichen Einsatzes der mit modernsten Rettungsgeräten ausgerüsteten Bergwacht unseres Nachbarlandes jede Hilfe zu spät kommt."

Die Zeitungsmeldung berichtet von einem Lawinenunglück. Forsche nach, warum es zu Lawinenbildungen kommen kann! Kann sich der Mensch gegen Lawinen schützen? Wer hilft bei der Suche nach Verschütteten?

Immer mehr Lifts und Bergbahnen wurden in den Wintersportorten gebaut, um mehr Erholungssuchende aufzunehmen. Das hatte Folgen:

Das Oberjoch bei Hindelang im Winter

a) Schneisen mußten in die Bergwälder geschlagen werden, um die Skipisten breiter und damit sicherer zu machen.
b) Oberhalb der Baumgrenze (2000 m) planierten Bulldozer das felsige Gelände ein. Die Folge ist, daß solche planierte Bahnen sich bei Schneeschmelze und Gewitter in reißende Sturzbäche verwandeln und noch mehr Erdreich wegreißen.

Schlegelkopf (Lech am Arlberg) im Winter

Schlegelkopf (Lech am Arlberg) im Sommer

c) Je mehr Lifts und je mehr Pisten angeboten wurden, um so mehr Übernachtungsmöglichkeiten mußten geschaffen werden. In allen Wintersportorten herrschte in den letzten Jahren eine rege Bautätigkeit. Hotels, Pensionen und Appartementhäuser schossen aus dem Boden und ließen die Orte anwachsen.

Der Mensch veränderte durch diesen Ausbau die Landschaft.

1. Vergleiche die Bilder! Welche Folgen hat der Eingriff des Menschen in die Natur? Denk dabei auch an das Kapitel „Abtragung und Ablagerung" Seite 18.
2. Die Bewohner der Erholungsgebiete in den Alpen sind auf die Erholungssuchenden im Sommer und im Winter angewiesen. Begründe!
3. Neben den Alpen sind auch folgende Mittelgebirge schneesichere Wintersportgebiete: Bayerischer Wald, Schwarzwald, Fichtelgebirge, Harz und Sauerland. Suche sie auf der Karte im Atlas!

Darüber solltest du berichten können!

Welche Erholungsmöglichkeiten bieten die Berge
a) im Sommer,
b) im Winter?
Welche besonderen Einrichtungen wurden für die Fremden zum Erreichen der Berggipfel geschaffen?
Welche Vereinigungen sorgen für die in Bergnot geratenen Fremden?
Welche besonderen Vorsichtsmaßnahmen muß der Bergwanderer beachten?
Welche Pflanzen und Tiere haben ihren Lebensbereich nur in den Bergen?
Welche Faktoren bewirkten, daß sich die Bergwelt von einer menschenfeindlichen Region in ein Erholungsgebiet verwandelte?

Kernwissen

Die Alpen gliedern sich in drei Teile:
1. zwischen Bodensee und Lech die Allgäuer Alpen
2. zwischen Lech und Inn die Bayerischen Alpen
3. zwischen Inn und Salzach die Salzburger Alpen

Alle sind, ebenso wie das österreichische und das schweizerische Gebiet der Alpen, im Sommer wie im Winter Erholungsziel für Hunderttausende, da sie für nahezu jeden Möglichkeiten der Erholung bieten. Um die Alpen von einem menschenfeindlichen Gebiet in einen Erholungsraum zu verwandeln, bedurfte es ihrer Erschließung für den Verkehr und den Bau von Erholungseinrichtungen.
Der Bergwanderer sollte sich strikt an die Ratschläge der Einheimischen und an die Bergregeln halten.

Badeurlaub an der Adria

Felsstrand in Jugoslawien

Sandstrand an der Adriaküste

1. Vergleiche die Strände und stelle Unterschiede heraus!
2. An welchem Strand möchtest du lieber baden? Begründe deine Wahl!
3. Welche Erholungsmöglichkeiten würdest du von einem Urlaub am Meer erwarten?

„Lieber Peter!

Nach anstrengender Nachfahrt sind wir endlich in Ulcinj angekommen, dem kleinen Ort an der Dalmatinischen Adriaküste, der für die nächsten 14 Tage unser Urlaubsparadies sein wird. Trotz der langen Fahrt, die uns alle recht ermüdete, konnte ich nicht widerstehen, gleich nach unserer Ankunft ein Bad in der Adria zu nehmen. Inzwischen war es Mittag geworden. Die Hitze wurde allmählich unerträglich. An ein Sonnenbad im glühendheißen Sand ist um diese Tageszeit nicht zu denken. So legte ich mich im Zimmer ein wenig aufs Ohr. Wegen der großen Hitze ist ein Mittagsschlaf sowieso üblich. Zu dieser Tageszeit sind die Strandpromenaden und der Sandstrand fast menschenleer. Gegen vier Uhr ging's wieder hinaus an den herrlichen Sandstrand, 12 km ist er lang. Vater hat eine gute Wahl getroffen. Sandstrände sind in Jugoslawien nämlich selten. Ein Bad in den Fluten, Ruhe im Sand oder im Strandkorb wechseln sich ab. Strandkioske sorgen für Erfrischungen. Das eigentliche Leben im Ort beginnt erst nach sechs Uhr abends, wenn die Hitze allmählich nachläßt. Dann ist Einkaufszeit, Zeit, um auf den Strandpromenaden vor den Hotels spazieren zu gehen, um sich in den offenen Cafés und Restaurants zu stärken. Bis dich dieser Brief erreicht, wird unser Urlaub schon bald zu Ende sein. Auf baldiges Wiedersehen.

Dein Franz"

1. Immer mehr Menschen flogen in den letzten Jahren an die Adria. Das hat Gründe. Betrachte beide Strandbilder und lese obigen Text. Untergliedere deine Gründe in zwei Hauptgesichtspunkte:

Erholungsmöglichkeiten	Landschaftsgegebenheiten
Schwimmen, ein guter Ausgleichssport	....
....	....
Weitere Gründe	Weitere Gründe
....	....

2. Ulcinj ist nur ein Badeort an der Adria. Kennst du noch andere? Die Karte hilft dir dabei! Unterteile die Badeorte in solche, die an der italienischen Adria liegen, und in solche, die an der jugoslawischen Adria liegen!
3. Ein weiterer Grund dafür, daß alljährlich so viele Erholungssuchende den **Fernerholungsraum** an der adriatischen Küste

aufsuchen, liegt im Klima begründet. An der italienischen und jugoslawischen Adriaküste herrscht Mittelmeerklima. Stelle durch Vergleich nachstehender Klimadiagramme die Eigenart des **Mittelmeerklimas** fest und begründe, warum die Urlauber gern in dieses Gebiet kommen!

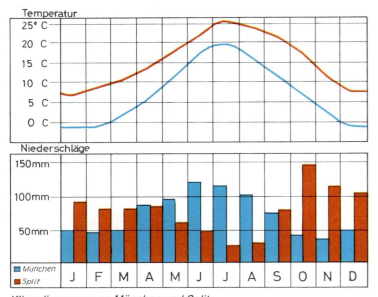

Klimadiagramm von München und Split

4. Noch vor wenigen Jahren wäre für den Durchschnittsbürger ein Erholungsurlaub in einem Fernerholungsraum nicht denkbar gewesen. Einige Gründe für den eingetretenen Wandel hast du bereits an früherer Stelle erfahren. Denke an die Verkehrsmittel und Löhne!
5. Einen weiteren Grund findest du, wenn du nachstehenden Satz liest: Bis 1932 betrug der Jahresurlaub für einen Arbeiter in der Metallindustrie 3 Arbeitstage; heute liegt er bei 21.
6. Stelle nun die Gesichtspunkte zusammen, die die Voraussetzung für einen schönen Urlaub in einem Fernerholungsraum bilden. Denke dabei an die Einrichtungen, die im Fernerholungsraum vorhanden sein müssen.
7. Fremdenverkehr zwischen den Staaten insgesamt: 1950: 25 Mill. Ankünfte – 1969: 153 Mill. Ankünfte. Vergleiche! Die deutschen Urlauber gaben 1969 etwa 6 Milliarden DM aus. Etwa zwei Fünftel der Bevölkerung reisen auf Straße, Schiene, Wasser oder in der Luft in den Urlaub. Erstelle ein Schaubild!
8. Das Mittelmeerklima ist durch eine typische Pflanzenwelt gekennzeichnet. Besorge dir ein Prospektbild und stelle fest, welche Pflanzen dort gedeihen!

Noch vor zwei Jahrzehnten waren die Orte an der jugoslawischen Adriaküste, die Küstenorte, arme Fischerdörfer. Früh am Morgen zogen die Fischer hinaus aufs Meer; ihre Fänge brachten ihnen gerade so viel Geld ein, daß sie nicht hungern mußten. Für Luxusartikel blieb kein Geld. Dann kamen Touristen. Als ihre Zahl stieg, mangelte es an Unterkünften.
Der Aufschwung begann, als sich die jugoslawische Regierung 1960 entschloß, entlang der ganzen Küste eine Autostraße zu bauen. Die Jadranka Magistrala (Autobahn) ist eine der landschaftlich schönsten in ganz Europa. Während sie im südlichen Teil der flachen Küste folgt, ist sie im Nord- und Mittelabschnitt teilweise aus hohen Felswänden herausgesprengt, die steil hinunter zur Adria abfallen. Weiterhin beschleunigte die jugoslawische Regierung das Hotelbauprogramm.

1. In den letzten Jahren hat sich das Bild der Küstenorte wesentlich gewandelt. Berichte über die beiden folgenden Bilder!

Touristenhotels am Meer

Jugoslawischer Fischerhafen (Rovinj)

2. Stelle fest, worauf dieser Wandel zurückzuführen ist! Lies dazu den vorstehenden Bericht!
3. Im Jahre 1970 gaben die 33 Mill. Touristen, die nach Jugoslawien kamen, 1,3 Milliarden Mark aus. Berechne die Durchschnittseinnahme der Jugoslawen an einem Touristen! Ziehe Schlüsse für die wirtschaftliche Entwicklung eines armen Landes!
4. Viele Bewohner der Küstenorte üben während der Saisonzeit ihren ursprünglichen Beruf nicht mehr aus. Notiere, welche neuen Berufszweige sie wohl während der Hochsaison ergreifen!
5. Jeder Mensch hat nach seiner Arbeitszeit das Bedürfnis, sich zu erholen. Dieses Erholungsbedürfnis kann er, wie du erfahren hast, auf mannigfache Weise stillen. Erstelle eine Übersicht darüber, wie der Mensch sein Erholungsbedürfnis befriedigt! Unterteile die Übersicht in zwei Spalten. Schreibe in die erste, wo sich der Mensch erholt, in die zweite, wie er sich erholt.
6. Nicht alle Erholungseinrichtungen haben den gleichen Erholungswert. Ein Theaterbesuch beispielsweise besitzt einen anderen wie ein Schiurlaub. Äußere dich über den Erholungs- und Freizeitwert der einzelnen Erholungsmöglichkeiten! Verwende dabei die unter 5. erstellte Übersicht!

Darüber solltest du berichten können!

Warum fahren viele Menschen während ihrer Urlaubszeit an die Adria?
Von welchen Faktoren hängt es ab, ob ein Erholungssuchender in einen Fernerholungsraum fährt?
Nenne die Namen einiger Fremdenverkehrsorte an der Adriaküste!
Was ist unter dem Begriff „Mittelmeerklima" zu verstehen?
Warum eignet sich die Adriaküste in besonderem Maße zur Erholung?
Wie wandelten sich durch den Tourismus die Adriaküstenorte in ihrem äußeren Erscheinungsbild?
Wie änderte sich durch den Tourismus das Berufsbild der Bewohner dieser Gegenden?

Kernwissen

Die an der Adria gelegenen Landstriche stehen unter dem Einfluß des Mittelmeerklimas, das gekennzeichnet ist durch warme, fast regenlose Sommer. Die Verlängerung des Jahresurlaubs in den letzten Jahrzehnten bietet jedem die Möglichkeit, seinen Urlaub in einem Fernerholungsgebiet zu verbringen. Der große Touristenstrom in die Mittelmeerländer veranlaßte diese Staaten zum Bau von Erholungseinrichtungen und zur Verbesserung des Verkehrsnetzes. Vielen Bewohnern bietet der Tourismus die Beschäftigung in einem Zweitberuf. Damit konnten viele ihren bescheidenen Lebensstandard verbessern.
Die italienische Adriaküste besteht vorwiegend aus Sandstrand, die jugoslawische überwiegend aus Steinstrand.

Verkehr

Verkehrswege am Schulort und vom Schulort aus

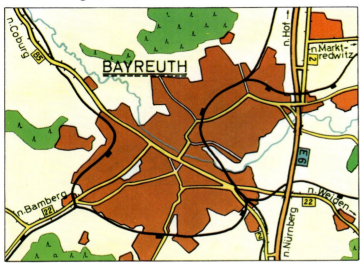 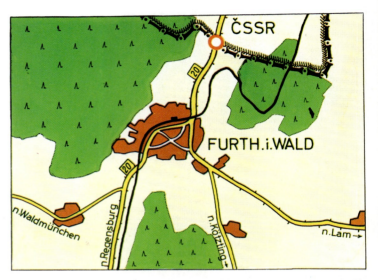

1. Martin und Gerhard besuchen wie du die 5. Klasse. Martin wohnt in Furth im Wald in der Oberpfalz, Gerhard in Bayreuth, dem Zentrum Oberfrankens.
   Suche beide Orte auf einer Karte deines Atlasses! Wie mußt du von deinem Schulort aus fahren, wenn du die beiden besuchen willst?
2. Die Karten geben dir auch Aufschluß über die Verkehrslage der beiden Orte! Vergleiche und begründe, welcher von den beiden Orten verkehrsgünstiger liegt!
3. Welche Folgen hat die Verkehrslage der Stadt Furth i. Wald nahe der Grenze zur Tschechoslowakei für die Bewohner?
4. Vergleiche die Verkehrslage und die Verkehrsverbindungen deines Schulortes mit den Wohnorten von Martin und Gerhard! Welche Unterschiede stellst du fest?
5. Zeichne eine Verkehrskarte deines Schulortes mit den wichtigsten Verkehrswegen innerhalb des Ortes und den wichtigsten Verkehrsverbindungen zu größeren Orten (Kreisstadt, nächste Großstadt)!

Wege und Straßen verbinden Dörfer und Städte. Es gibt Straßen verschiedener Größenordnung:
Wirtschaftswege führen durch Felder und Forsten. **Gemeindestraßen, Kreisstraßen und Staatsstraßen** bilden ein dichtes Verkehrsnetz innerhalb der Gemeinden und Städte eines Landkreises. Für den Bau und die Instandsetzung dieser Straßen sind die Gemeinde, der Kreis und der Freistaat Bayern verantwortlich.
Bundesstraßen und Autobahnen sind die Hauptverkehrsstrecken in Deutschland. Auf ihnen rollt tagtäglich dichter Personen- und Güterverkehr durch unser Land.

Die Verkehrsverbindungen durch Straßen werden ergänzt durch den **Schienenverkehr**. Täglich fahren Tausende von Menschen mit der Bahn zu ihren Arbeits- und Ausbildungsplätzen. Das nennt man **Personennahverkehr**. Weite Entfernungen werden im **Personenfernverkehr** in D-Zügen und Intercity-Zügen zurückgelegt.

1. Welche Straßen verbinden deinen Schulort mit anderen Orten? Welche Bundesstraße oder Autobahn findest du in deinem Heimatraum? Miß die Entfernung von deinem Schulort zum nächsten Autobahnanschluß auf der Karte!
2. Die Landeshauptstadt München ist durch ein dichtes S-Bahn-Netz in kurzer Zeit von Orten aus erreichbar, die 40 km und mehr von der Stadtmitte entfernt liegen. Der Verkehrsstern des S-Bahn-Netzes zeigt dir die Verkehrsverbindungen durch die S-Bahn (Schnell-Bahn).
Suche einige Orte auf einer Karte deines Atlasses! Vergleiche Verkehrsverbindung durch die Straße – durch die S-Bahn!

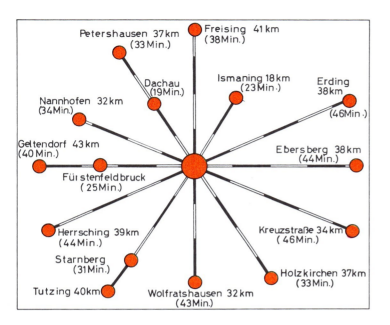

Zentrale Verkehrsüberwachung durch die Polizei in Frankfurt

3. Hat dein Schulort Verkehrsverbindungen durch die Eisenbahn? Stelle mit Hilfe einer Karte einen Fahrplan von deinem Schulort in folgende Städte auf: München, Regensburg, Würzburg, Hamburg.

Verkehrsprobleme einer Stadt

In Frankfurt wälzen sich morgens und abends kilometerlange Verkehrsströme von bzw. zu den 10 bis 20 Kilometer entfernten Vororten. Diese verhältnismäßig kurze Strecke kann oft Stunden beanspruchen. Ein Reporter der Frankfurter Rundschau stellte neulich fest, daß er an einer verkehrsungünstigen Stelle am Morgen zur Hauptverkehrszeit für 200 Meter neun Minuten benötigte. Das ist ein Stundenschnitt von 1,3 km. Fußgänger würden in der gleichen Zeit mühelos das Vierfache schaffen. Bereits kleine Unfälle blockieren ganze Vorortgebiete. Eis, Schnee und Nebel verursachen häufig erhebliche Verkehrsstauungen. Nötige Straßenreparaturen verursachen ebenfalls Behinderungen. Jeder einzelne, ob Autofahrer oder Fußgänger, bekommt diese Verkehrsmisere am eigenen Leib zu spüren. Giftige Auspuffgase verpesten die Luft. 154 000 kg giftige Auspuffgase werden täglich in Frankfurt in die Luft geblasen. Das sind 56 210 000 kg jährlich.

1. Überlege, welche Möglichkeiten es gibt, dieses Verkehrschaos in Grenzen zu halten. Eine Möglichkeit zeigt dir das Bild.
2. Welche Verkehrsprobleme behindern den Verkehr in deinem Wohn- oder Schulort? Wie können sie gelöst werden?

Lies nun, welche Maßnahmen die Stadt Frankfurt ergriffen hat und vergleiche mit deinen Überlegungen:

a) Der Verkehr mit Personenautos wird eingeschränkt. Eine Großbank beispielsweise bekommt für ihre 2200 Beschäftigten nur etwa 250 Parkplätze zur Verfügung gestellt. Dadurch werden die Angestellten gezwungen, öffentliche Verkehrsmittel zu benutzen.

b) Schwertransporter dürfen nicht mehr in die Stadt. Lieferanten mit Kleintransportern dürfen nur zwischen 5 und 11 Uhr morgens anliefern.

c) Die Polizei verfolgt auf Bildschirmen den Verkehr an den Hauptkreuzungen. Sie kann somit die Ampeln dem Hauptverkehrsstrom anpassen.

d) Bis heute sind in Frankfurt bereits 10 Parkhäuser und eine Tiefgarage angelegt.

e) Die Straßenbahnschienen werden durch weiße durchgehende Linien vom übrigen Verkehr getrennt. Durchgehende Linien bedeuten, daß sie von den PKW nicht überfahren werden dürfen.

f) Der U- und S-Bahn-Bau haben in Frankfurt Vorrang. Mit der U-Bahn können stündlich bis zu 40 000 Menschen befördert werden. Eine Straßenfahrspur bewältigt etwa 2000 Menschen in dieser Zeit. Die Bürger in den entfernten Vororten sollen sich des Park-and-ride-Systems bedienen, d. h. sie fahren mit ihrem PKW von ihrem Vorort zur nächstgelegenen U-Bahn-Station, stellen dort ihr Auto ab und fahren mit der U-Bahn weiter zu ihrem Arbeitsplatz.

1. Andere Großstädte, z. B. München, Nürnberg oder Hamburg haben mit ähnlichen Verkehrsproblemen zu kämpfen. Schau dir den Stadtplan einer Großstadt an und plane Möglichkeiten zur Behebung der Verkehrsdichte!
2. Untersuche und zeichne auf, zu welcher Zeit in deinem Wohnort die größte Verkehrsdichte herrscht! Worin liegen die Ursachen?
3. Namen wie Umgehungsstraße, Ausfallstraße oder Tangentenstraße sagen dir, wie städtische Verkehrsplaner den täglichen Verkehr bewältigen wollen. Kläre die Begriffe und plane selbst für deine Kreisstadt eine solche Straße!
4. An Großstadtkreuzungen werden aus gesundheitlichen Gründen die Verkehrspolizisten alle zwei Stunden ausgetauscht. Begründe!

Der Flughafen München-Riem liegt 10 km östlich des Stadtzentrums. In den letzten Jahren wuchsen dichte Siedlungsgebiete um den Flughafen. Er kann deshalb nicht mehr erweitert werden, obwohl er ein wichtiger Flugverkehrsknotenpunkt innerhalb Deutschlands und Europas ist. Eine Erweiterung wäre dringend notwendig, weil die großen Verkehrsflugzeuge (Jumbo-Jet) wegen zu kurzer Rollbahnen nicht landen und nicht starten können. So kann es passieren, daß der Flughafen München-Riem in der Beförderung von Passagieren und Gütern gegenüber Flughäfen wie Frankfurt, Berlin, Düsseldorf und Hamburg noch weiter zurückfällt. Gegenwärtig nimmt er den 5. Platz hinter Frankfurt, Berlin, Düsseldorf und Hamburg ein.

1. Der Flughafen München-Riem ist für die Beförderung von Personen und Gütern in alle Welt zu klein geworden. Welche Folgen kann das für die Stadt München und das Land Bayern haben?
2. Überlege, ob in der Nähe Münchens ein neuer Flughafen gebaut werden könnte. Suche einen geeigneten Standort auf der Karte! Wie müßte der Standort für einen neuen Flughafen beschaffen sein?

© Georg Westermann Verlag, Braunschweig

Flughafen München-Riem

Ausschnitt aus der Topographischen Karte 1 : 25 000, Blatt Nr. 7836. Wiedergabe mit Genehmigung des Bayer. Landesvermessungsamtes München, Nr. 10 421/77

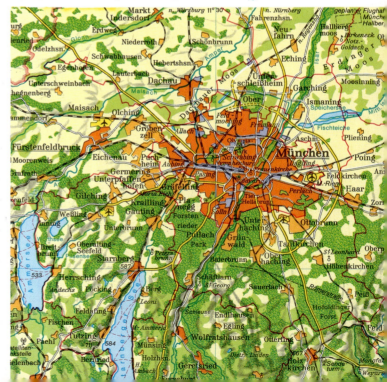

3. Aufsteigende und landende Flugzeuge beeinflussen auch die Umwelt. Schau dir das Bild an! Denk an die Bewohner der Siedlungsgebiete rund um den Flughafen!
4. Besorge dir Prospekte und Zahlen über den Flughafen von der Pressestelle der Flughafen München-Riem GmbH! Vergleiche die Flugzeiten von München zu anderen deutschen oder europäischen Städten mit den Fahrtzeiten auf der Straße (in einer Stunde ca. 100 km auf der Autobahn, 70 km auf der Bundesstraße)!

a) Landwirte müssen fruchtbares Ackerland abgeben
b) Landwirtschaftliche Betriebe und Siedlungen müssen aus dem erforderlichen Gebiet ausgesiedelt werden
c) Die Lärmbelästigung für die umliegenden Dörfer und Städte wäre sehr groß
d) Die Fluggäste müssen nach München oder von München zum Flugplatz gebracht werden
e) Häufiger Nebel im Erdinger Moos würde den Flugverkehr stark behindern

Flughafen München-Riem

Großflughafen München II als Planungsmodell

Die Flughafen GmbH München-Riem, deren Träger die Stadt München und der Freistaat Bayern sind, plant seit Jahren einen neuen interkontinentalen Großflughafen München II. Der Standort liegt fast 30 km außerhalb der Stadt im Osten zwischen Erding und Freising. 2300 h Land werden benötigt. Die Planung sieht zwei Start- und Landebahnen mit 4 km Länge vor. 12 Millionen Fluggäste soll der Großflughafen jährlich an ihr Ziel befördern. Allerdings ergibt der Bau des Großflughafens an diesem Standort viele Probleme:

1. Können diese Probleme, die sich beim Bau des neuen Großflughafens München II im Erdinger Moos ergeben, gelöst werden? Welche Lösungen findest du?
2. Welche Veränderungen würde der Bau des Großflughafens für diesen Raum und seine Menschen bringen?
3. Führt ein Planspiel in der Klasse durch: „Bau des Großflughafens München II – ja oder nein!"

Flughafen Frankfurt/Rhein-Main – Deutschlands Flugverkehrsknotenpunkt

1. Der Flughafen München-Riem befördert jährlich fast 4 Millionen Fluggäste, der Flughafen Frankfurt a. Main fast 10 Millionen. Was kannst du daraus schließen?
2. Großflughäfen sind erst in den letzten Jahrzehnten entstanden. Überlege Gründe dafür!
3. Wer von München nach New York oder Moskau fliegen will, muß in Frankfurt zwischenlanden und umsteigen. Du kennst die Gründe dafür!

8 Grad 37 Minuten 27 Sekunden östlicher Länge und 50 Grad 2 Minuten 4 Sekunden nördlicher Breite: diese Position ist für Tausende von Flugkapitänen ein Begriff: Franfurt/Rhein-Main, der drittgrößte Passagierflughafen Europas; im Luftfrachtverkehr ist er sogar Nummer 2 in Europa. 1970 sind durchschnittlich fast 26 000 Fluggäste täglich gezählt worden, 9,4 Millionen im Jahr; 327 000 Tonnen Luftfracht wurden umgeschlagen. Eine Menge, für deren Transport man 26 000 Güterwagen benötigt hätte. Wie mag es auf diesem Flughafen zugehen? Woran liegt es, daß Frankfurt/Rhein-Main zu einem der bedeutendsten Flughäfen der Welt wurde?
Es ist 10.42; die Boeing 747 aus New York setzt zur Landung an. Kurz nach der Landung leitet ein **Lotsenauto** den „Jumbo-Jet" zum **Fluggast-Terminal**, dessen **Flugsteigfinger** sich weit ins Vorfeld erstrecken. Hier können unmittelbar am Gebäude gleichzeitig 36 Flugzeuge abgefertigt werden, jedes zweite davon ist ein **Großraumflugzeug**. Schwenkbare **Fluggastbrücken** werden an den Ausgängen des Flugzeuges angeschlossen. Durch sie gelangen die Passagiere, ohne den Wettereinflüssen ausgesetzt zu sein, von Bord der Maschine. Auf Rolltreppen erreichen sie die Empfangshalle.
Während die einen dem Ausgang zustreben oder auf eine Anschlußmaschine warten – knapp die Hälfte aller Fluggäste benutzen den Frankfurter Flughafen nur zum Umsteigen in eine andere Maschine – wird der „Jumbo-Jet" neu aufgetankt.
Etwa 180 000 l Treibstoff werden in die Tragflächentanks der Maschine gepumpt. In die Empfangshallen mit ihren 240 Schaltern zur Abfertigung der Fluggäste strömen neue Passagiere. Viele kommen unmittelbar mit der Bahn oder mit dem Auto hierher. Der Flughafen besitzt nämlich eine direkte Verbindung mit dem Frankfurter Autobahnkreuz; weiterhin befindet sich vor den Empfangshallen des Terminals ein Tiefbahnhof, dessen Schienen zum Frankfurter Hauptbahnhof führen. Fluggäste aus Übersee können gleich nach der Landung in Frankfurt vom Tiefbahnhof in den Zug einsteigen.
Auch für die Abfertigung der Luftfracht wurden moderne Anlagen geschaffen. Elektronisch gesteuerte Förderbänder bewältigen die Fracht.

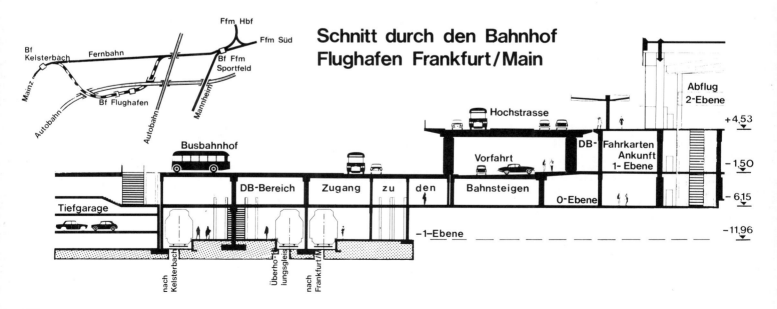

Terminal Richtung Süden mit allen Verkehrsträgern ▷

1. Der Text auf Seite 86 berichtet über das Leben auf dem Frankfurter Flughafen. Versuche, die dir unbekannten Begriffe (Fluggastbrücke ...) anhand des Bildes und der Skizze zu erklären. Gestalte anschließend den Bericht mündlich nach!
2. Der Fluggastterminal, die Erweiterung des Flughafens, wurde 1970 eingeweiht. Mit allen Nebenkosten beliefen sich die Ausgaben für die Erweiterungsbauten des Flughafens auf rund 1 Milliarde DM. Diese Vergrößerung und Modernisierung der Flughafenanlagen sind notwendig geworden,
   a) um Passagiere rascher abzufertigen,
   b) um den neuen Großraumflugzeugen die Landung und Abfertigung zu ermöglichen.

Vergleiche hierzu folgende Angaben auf der nebenstehenden Spalte!

Präzisiere anschließend deine Gedanken zu den beiden obigen Behauptungen:

Boeing 727 (ältere Düsenmaschine):

Spannweite	Länge	Höhe
32,92 m	42,96 m	10,36 m

Boeing 747 (Jumbo-Jet)

Spannweite	Länge	Höhe
59,64 m	70,51 m	19,33 m

Jedes zweite in Deutschland gelandete Verkehrsflugzeug ist auf dem Rhein-Main-Flughafen gelandet oder gestartet. Er ist ein **Flugverkehrsknotenpunkt.** Von dort bestehen Verbindungen mit 182 Städten in 89 Ländern aller 5 Erdteile.

Zwei Drittel der von diesem Flughafen abgefertigten Fluggäste kommen aus dem Ausland oder fliegen ins Ausland ab. Nur etwa die Hälfte kommt nach Frankfurt, um in der Messestadt und dem Zentrum des westdeutschen Geldwesens zu bleiben.
Trotzdem leistet Rhein/Main einen steigenden Beitrag zum Wohlstand der Menschen in der näheren und weiteren Umgebung des Flughafens. Der Flughafen selbst bietet 20 000 Beschäftigten Arbeit und Brot. Zahlreiche Industrien mit Überseeverbindungen haben sich in Frankfurt niedergelassen.

1. Frankfurt ist nicht zufällig Deutschlands Flugverkehrsknotenpunkt. Dies hat Gründe. Einige kannst du aus obigem Bericht entnehmen, andere, noch bedeutendere, geben nachstehende Kartenskizze und der Eingangsbericht.
2. Für fast die Hälfte aller Fluggäste ist Frankfurt nur Umsteigeplatz. Erläutere diese Zahl!
3. Frankfurt/Rhein-Main hat den größten Umschlag an Luftfracht aller deutschen Flughäfen. Notiere nun einige Gründe, warum Kaufleute aus aller Welt ihre Waren via Frankfurt schicken! Betrachte vorher auf deinem Atlas die Lage Frankfurts und stelle fest, welche Fernstraßen, Eisenbahnlinien und Wasserstraßen von Frankfurt wegführen! Verfolge ihren Weg!
4. 20 000 Menschen arbeiten auf dem Frankfurter Flughafen. Fertige eine kleine Liste der Berufe! Gliedere nach folgenden Gesichtspunkten: Schalterdienst – Flugplatzdienst – Dienst in den Wartungshallen der Flugzeuge – Dienst in Restaurants und Geschäften.

Flugstern von Frankfurt mit einigen wichtigen Fluglinien

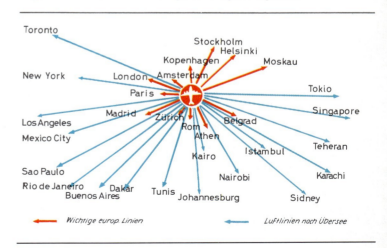

5. Rhein-Main ist einer der größten Arbeitgeber der Stadt Frankfurt.
Er trägt zum Wohlstand der Bürger dieser Stadt bei. Berichte! (2 Gründe! Denke auch an die Auswirkungen auf Industrien, die sich in Frankfurt niederlassen!)
6. Früher wurden lediglich Zeitungen, Briefe und leicht verderbliche Güter mit dem Flugzeug befördert. Dies hat sich in den letzten Jahren geändert. Die Frachtliste einer Boeing 727 gibt dir darüber Auskunft: Ein Löwenbaby im Käfig, Zierfische in belüfteten Gefäßen, bulgarisches Rosenöl, neue Banknoten, Gold in Barren, 2 Bilder im Werte von 14 Millionen Mark, 4 optische Linsen, eine automatische Kamera für einen Erdsatelliten, Impfstoffe, feinmechanische Geräte, ein Schrankkoffer mit 20 Kleidermodellen, 300 Haarteile; dazu Postsäcke mit Wertbriefen und Päckchen.
Du kannst mit einem Wort ausdrücken, was heute mit dem Flugzeug befördert wird.
7. Die nachfolgenden beiden Skizzen zeigen die Entwicklung des Fluggastverkehrs und des Luftfrachtaufkommens während des letzten Jahrzehnts.
a) Vergleiche die Zahlen von 1961 mit denen von 1970 und errechne den Unterschied!
b) Beschaffe dir die entsprechenden Zahlen des Flughafens München-Riem! Erstelle von diesem Flugplatz ebensolche Schaubilder!

c) Die starke Steigerung auf beiden Gebieten hat Gründe. Denke an den wachsenden Wohlstand der Leute, die preiswerten Tarife der Luftverkehrsgesellschaften und an das größere Fassungsvermögen der modernen Großflugzeuge.
8. Du hast sicher erkannt, daß Frankfurt seine große Bedeutung seiner zentralen Verkehrslage verdankt. Doch diese Tatsache allein genügt nicht, um die Bedeutung dieses Flughafens auch für die Zukunft zu sichern. Aus diesem Grunde wurde für rund eine Milliarde Mark Rhein-Main so umgebaut, daß auch Großflugzeuge auf ihm landen können. Begründe, warum diese großen Ausgaben für den Umbau auf lange Sicht sich lohnen werden!

Darüber solltest du berichten können!

– Warum ist München-Riem zu klein geworden und kann sich nicht mehr ausdehnen?
– Warum bringt der Bau eines Großflughafens München II Schwierigkeiten?
– Warum wird der Frankfurter Flughafen Rhein-Main als Flugverkehrsknotenpunkt bezeichnet?
– Warum benutzen viele Fluggäste Frankfurt nur als Umsteigeplatz?
– Warum wurde der Frankfurter Flughafen umgebaut?
– Welche Anlagen wurden für eine rasche und bequeme Abfertigung der Fluggäste geschaffen?
– Wie fördert der Flughafen den Wohlstand der Bürger Frankfurts und des Umlandes?
– Warum hat sich in den letzten 10 Jahren der Passagier- und Güterumschlag in so starkem Maße gesteigert?

Kernwissen

Der Flughafen München-Riem ist für die Abfertigung großer Passagierflugzeuge (Jumbo-Jet) zu klein. Ein neuer Großflughafen München II wird im Erdinger Moos geplant. Frankfurt ist Deutschlands größter Passagier- und Güterflughafen. Flugzeuge aus aller Welt landen hier. Seine Bedeutung verdankt der Flughafen seiner zentralen Lage. Von Frankfurt aus führen Eisenbahnlinien, Autobahnen und Wasserwege in andere Teile Europas. Der Ausbau des Flughafens ermöglicht eine raschere Abfertigung der Fluggäste, die Landung von Großflugzeugen und einen höheren Umschlag von Gütern. Der Flughafen bietet Arbeitsplätze für die Bewohner Frankfurts und seines Umlandes.

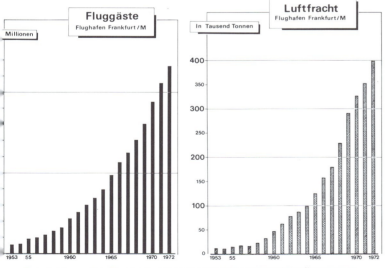

Entwicklung des Fluggastverkehrs und des Luftfrachtaufkommens

Europakanal Rhein-Main-Donau, Binnenwasserstraße in Bayern

30. Oktober 1970, Erlangen: Mit einem Volksfest feiert die Stadt Erlangen ihre neue Rolle als Hafenstadt. Das Teilstück Hausen-Erlangen des Rhein-Main-Donaukanals (Europakanal) wird dem Verkehr übergeben. Lastkähne können jetzt von der Nordsee rhein- und mainaufwärts bis nach Erlangen fahren. Seit dem Herbst 1972 ist die ganze Kanalstrecke bis Nürnberg ihrer Bestimmung übergeben. Jetzt fehlt in der 3500 km langen Verbindung von der Nordsee über den Rhein, den Main und die Donau zum Schwarzen Meer nur noch das 133 km lange Schlußstück zwischen Nürnberg und Regensburg.

Der Main-Donaukanal zwischen Aschaffenburg und Passau

Bis dieses Schlußstück im Jahr 1985 eröffnet werden kann, sind noch folgende Bauarbeiten durchzuführen:
a) 64 km Schiffahrtskanal mit 7 Schleusen zwischen Nürnberg und Dietfurt,
b) 34 km Altmühlausbau mit 2 Schleusen zwischen Dietfurt und Kelheim,
c) 87 km Donauausbau mit 4 Staustufen zwischen Kelheim und Straubing.

1. Aus der Zeichnung kannst du entnehmen, welche Teile des Kanals und wieviel Kraftwerke schon fertig sind, wo gerade gebaut wird und welche Teile erst geplant sind. Suche diese Teilstücke auch auf der Karte in deinem Atlas. Sprich darüber! Die Karte sagt dir auch, welche Schwierigkeiten beim Bau durch die jeweilige Oberflächenform der Landschaft auftreten können.
2. Verfolge auf der Europakarte unten den Lauf des Kanals von der Nordsee bis zum Schwarzen Meer! Welche Länder durchquert der Europakanal? Welche großen Städte liegen am Kanal? Jetzt kannst du auch den Namen Europa-Kanal erklären.

Die Binnenschiffahrt hat gegenüber der Seeschiffahrt einen großen Nachteil. Sie muß Höhenunterschiede überwinden. Deshalb müssen Schleusen eingebaut werden, die durch Wassersenkung in der Schleuse das Schiff bergab, durch Heben des Wasserspiegels in der Schleuse bergauf bringen. Auf der Kanalstrecke zwischen Aschaffenburg und Nürnberg sorgen 36 Schleusen, daß die Schiffe Höhenunterschiede überwinden können.

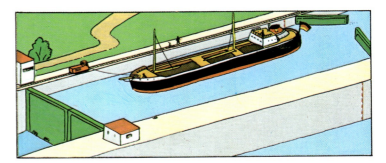

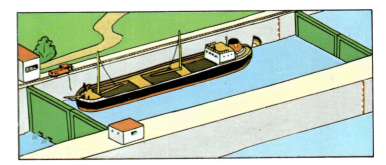

Europakanal

3. Neben Erlangen sind jetzt schon Aschaffenburg, Würzburg, Bamberg, Nürnberg und Regensburg wichtige bayerische Hafenstädte. Welche Vorteile haben diese Städte durch ihre Lage am Europakanal?

Ein Lastkahn wird durchgeschleust

1. Die Zeichnungen der vorhergegangenen Seite zeigen dir, wie ein Lastkahn den Höhenunterschied durch die Schleuse überwindet. Die Stichworte helfen dir bei der Erklärung: gleich hoher Wasserspiegel von Schleuse und Kanal – in die Schleuse einfahren – die Schleusentore schließen – Wasser abpumpen oder einpumpen – Lastkahn wird niedergelassen oder hochgehoben – gleich hoher Wasserspiegel von Schleuse und Kanal – Schleusentore öffnen.
2. „Schiffe können bergauf fahren." Diesen Satz kannst du jetzt beweisen.
3. Lies aus dem Höhenprofil, welchen Höhenunterschied die Schiffe von Mainz bis Nürnberg überwinden und wieviel Schleusen dabei helfen!

Für den Bau des großen Teilstückes zwischen Bamberg und Kelheim, auch Main-Donau-Kanal genannt, braucht man 25 Jahre. Begonnen wurde 1959 und 1985 soll der Main-Donau-Kanal befahrbar sein. Dann wäre die Verbindung zwischen Nordsee und Schwarzem Meer hergestellt.
Bis Bamberg folgt der Kanal genau dem Lauf des Mains. Dann aber mußten weite Teilstrecken künstlich angelegt werden, weil sie nicht direkt dem Lauf der Regnitz folgen konnten. Dabei mußten zunächst durch große Erdbewegungen Straßen- und Fußgängerbrücken errichtet werden. Erst dann wurden die Schleusen und an manchen Stellen Kanalüberführungen gebaut. Am Schluß eines Teilabschnittes wurde der Kanalgraben ausgehoben, der „leichteste Teil der Arbeit", sagt ein leitender Ingenieur.

Kanalüberführung

Der Kanal bringt für die Menschen, die am Kanal wohnen, für das Land Bayern und für alle Länder, die der Kanal miteinander verbindet, Vorteile:

Entwicklung des Güterverkehrs auf der Wasserstraße in Millionen t

Jahr	Main und Main-Donau-Kanal	Donau
1937	5,5	1,4
1950	5,6	1,4
1955	10,2	2,9
1960	15,5	3,0
1965	20,3	3,5
1970	23,8	4,0
1975	21,2	2,7
1976	21,8	3,0

a) Der Güterverkehr auf dem Kanal steigt von Jahr zu Jahr. Immer mehr Güter werden umgeschlagen, vor allem Baustoffe (Sand, Kies, Steine, Zement), Mineralöl, Kohle und Düngemittel.
b) Industrieunternehmen haben sich an den Häfen niedergelassen und sorgen für Arbeitsplätze.
c) Der Bau des Kanals selbst, die notwendigen Straßenbauten und die Wartung der Staustufen, Schleusen und Kraftwerke schaffen neue Arbeitsplätze.
d) Die Wasserkraft der Staustufen wird zur Stromgewinnung genutzt. 47 Kraftwerke sind bereits in Betrieb und liefern Strom für Bayern und seine Nachbarländer.
e) Durch den Bau zusätzlicher Wasserspeicher entlang des Kanals, besonders im Abschnitt Nürnberg – Kelheim, kann für Dürrezeiten Wasser gespeichert und die Hochwassergefahr gebannt werden.
f) Die Landschaft am Kanal wird abwechslungsreich gestaltet. Der Freizeitwert erhöht sich, Naherholungsgebiete entstehen.

Die Vorteile liegen in der Verkehrsbedeutung, der wirtschaftlichen Bedeutung, der Wassernutzung (Kraftwerke) und der landschaftlichen Gestaltung.
1. Die Balkanländer, einst reine Agrargebiete, beginnen sich zu industrialisieren. Überlege, welche Vorteile es für diese Länder hat, mit dem größten europäischen Industriegebiet und mit Übersee durch einen Schiffahrtsweg verbunden zu sein!
2. Ein Lastwagen kann etwa 20 t an Gütern befördern, ein Eisenbahnwaggon faßt 30 t. Stelle fest, wie viele Eisenbahnwaggons und wie viele Lastwagen nötig wären, um die Güter zu transportieren, die ein 1200-t-Binnenschiff faßt!

Staustufe mit Kraftwerk

3. Überlege, ob die Binnenschiffahrt dazu beitragen kann, das Verkehrschaos auf den Straßen zu lindern! Denke dabei auch daran, für welche Güter Binnenschiffe besonders geeignet sind!

Die Bundesrepublik Deutschland besitzt bereits eine Reihe bedeutender Binnenwasserstraßen. Sie können in künstliche und natürliche eingeteilt werden.
a) Künstliche Binnenwasserstraßen: 1. Mittellandkanal, 2. Dortmund-Ems-Kanal, 3. Nord-Süd-Kanal, 4. Elbe-Lübeck-Kanal, 5. Elbe-Havel-Kanal
b) Natürliche Binnenwasserstraßen: 1. Rhein, 2. Main, 3. Donau, 4. Neckar, 5. Elbe, 6. Weser, 7. Mosel

Darüber solltest du berichten können!

– Warum heißt der Kanal Rhein-Main-Donau Europakanal?
– Welche bayerischen Hafenstädte liegen am Europakanal?
– Welche Baumaßnahmen sind erforderlich?
– Wie werden Höhenunterschiede überwunden?
– Welche Vorteile bringt der Kanal?
– Welche Binnenwasserstraßen gibt es noch in der Bundesrepublik Deutschland?

Hamburgs schneller Hafen – ein Tor zur Welt

Im Segelschiffhafen ist soeben ein Frachtschiff aus Südamerika eingelaufen. 263 000 Kartons mit Bananen hat es an Bord, eine besonders empfindliche Ladung. Doch für den Hamburger Hafen ist diese Fracht kein Problem. Umkleidete Förderbänder bringen die kälteempfindliche Ladung direkt in den geheizten Schuppen. Dort bereitstehende Eisenbahnwagen oder Laster fahren das Gut zum Verbraucher. Nur 32 Stunden werden vergehen und die 263 000 Kartons werden gelöscht sein.

Zeit ist Geld. Ein Tag im Hafen kostet für einen 10 000-t-Frachter etwa 10 000 bis 12 000 Mark. So ist es verständlich, daß Hamburg stolz darauf ist, in aller Welt als ein schneller Hafen bekannt zu sein. Hier wird in Tag- und Nachtschichten, an Sonn- und Feiertagen rund um die Uhr gearbeitet.

20 000 Schiffe aus 1100 Hafenplätzen in aller Welt laufen Hamburg jährlich an. Aus den Schiffsbäuchen kommen Erze, Kohle, Südfrüchte, Maschinen, Erdöl, Baumwolle, Kaffee und viele andere Produkte, die unser Land benötigt. An der **Kaikante,** an der das Schiff ankert, stehen riesige Kräne. Mit ihrer Hilfe wird das Schiff gelöscht. Die Güter gelangen mit Gabelstaplern in die hinter den Kränen stehenden Schuppen oder werden sofort in Eisenbahnwagen oder auf Laster verladen. Unter oder neben jedem Kran verlaufen nämlich 2 bis 3 Bahngeleise. 89 Kaischuppen besitzt der Hamburger Hafen. Ungeheuer ist deren Fassungsvermögen. Allein für 750 000 t Getreide sind Lagerräume vorhanden.

Im Hamburger Hafen

Wollte man einen Güterzug mit dieser Getreidemenge beladen, wäre seine Länge 55 km.

Daneben ist Hamburg einer der bedeutendsten deutschen **Passagierhäfen.**

Hamburgs Stolz ist jedoch der Containerhafen, der unmittelbar an der im Bau befindlichen Autobahn liegt. **Container** sind genormte Behälter. Stückgüter wurden bisher in den Fabriken einzeln verpackt, zum Hafen befördert und nach Lagerung im Kaischuppen aufs Schiff verladen. Heute werden Stückgüter größtenteils bereits in der Fabrik in genormten Behältern, den Containern, verstaut; Güterwagen oder Großlaster bringen sie in den **Containerhafen.** Auf sog. **Containerbrücken** gelangen sie in den Schiffsrumpf.

Man unterscheidet im Schiffsverkehr zwischen **Stück- und Massengut.** Kohle, Weizen und Erze sind Massengüter. Baumwollballen, Kaffeesäcke, Maschinen und Kisten mit Apfelsinen sind Stückgüter.

1. Versuche anhand der vorangegangenen Aufzählung selbst zu erläutern, worin der Unterschied zwischen Massen- und Stückgut besteht!
2. Hamburg ist stolz darauf, daß es in aller Welt als schneller Hafen bekannt ist. Begründe diesen Satz!
3. Berechne die Kosten für ein 20 000-t-Tankschiff, das 3 Tage im Hafen liegt!
4. In den letzten Jahren werden immer mehr Container als Verpackung von Stückgütern verwendet. Container könnte man als kleine fahrbare Lagerhäuser bezeichnen. Sie bringen dem Absender wie dem Empfänger der Ware große Vorteile! Denke an den Arbeitsaufwand, die Verladezeit und an die Beförderungskosten.

Über 600 000 qm² erstreckt sich die Lagerfläche für die aus Übersee kommenden Güter. Willst du von der Landseite aus an diese Lagerhallen heran, wirst du merken, daß sie von einem 3 m hohen Zaun umgeben sind. An den Eingangstoren zu diesem Gebiet stehen Zöllner, die deinen Ausweis sehen wollen und dich fragen, ob du etwas zu verzollen hast, wenn du dieses Gebiet wieder verläßt. Du könntest glauben, obwohl du nie deutschen Boden verlassen hast, du kämst aus dem Ausland zurück. Diese eigenartige Tatsache ist auf ein Vorrecht Hamburgs zurückzuführen: diese Stadt besitzt einen **Freihafen.** Was bedeutet diese Bezeichnung? Freihafen heißt, daß alle dort aus den Schiffen ausgeladenen Waren ohne Zoll gelagert, weiterverarbeitet oder von dort in

Blick auf den Hamburger Hafen

Plan des Hamburger Hafens mit rot eingezeichnetem Ausschnitt

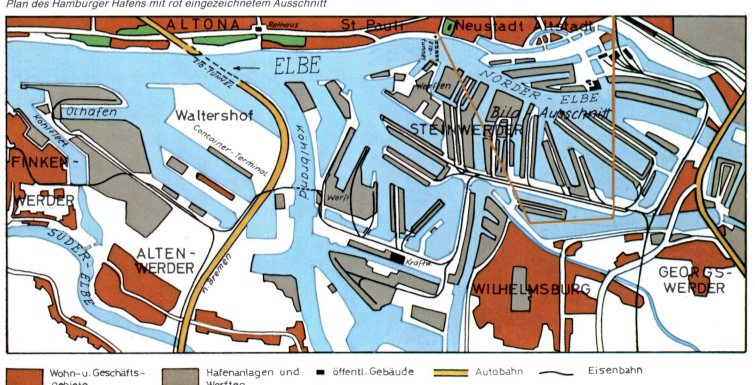

andere Länder ausgeführt werden können. Zoll, etwa für Tabak, Kaffee oder Autos muß erst entrichtet werden, wenn die Waren den Freihafen Richtung Inland verlassen.

Im Freihafen arbeiten bedeutende Industriebetriebe, in denen ausländische Erzeugnisse durch deutsche Arbeiter veredelt und weiterverarbeitet werden.

1. Erkläre mit deinen eigenen Worten, warum die Grenze zwischen Freihafen und der übrigen Stadt nach unseren Zollgesetzen wie eine Staatsgrenze behandelt wird!
2. Im Hamburger Hafen sind einschließlich der Industriebetriebe 80 000 Menschen beschäftigt. Erläutere, warum dieser Hafen wesentlich zum Wohlstand Hamburgs beiträgt!
3. Im Freihafen befinden sich bedeutende Industriebetriebe. Mit etwa 50 Betrieben steht der Schiffbau einschließlich deren Zulieferbetrieben an erster Stelle. Ohne Zollformalitäten werden hier **Rohstoffe** oder **Halberzeugnisse** veredelt. Überlege, welche Vorteile der Hersteller im Freihafen gegenüber seinen Kollegen im Landesinneren hat!
4. Erstelle aufgrund des Hafenplanes eine Hafenrundfahrt!

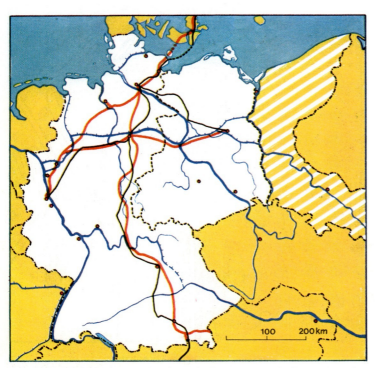

Verkehrsadern von Hamburg aus in die Bundesrepublik Deutschland

Hamburg besitzt den größten und bedeutendsten deutschen Hafen. Dies verdankt er aber nicht nur der Tatsache, daß er ein schneller Hafen ist, andere Faktoren sind daran noch mitbeteiligt. In Hamburg können jederzeit Schiffe ein- und auslaufen. Dies ist nicht selbstverständlich. Häfen, die direkt am Meer liegen, erleben innerhalb von 24 Stunden zweimal Ebbe und Flut, auch **Tidenhub** genannt. In London beträgt dieser Tidenhub etwa 7 m. Im Hamburger Hafen liegt der Gezeitenunterschied zwischen 2,20 m und 2,50 m, da es etwa 100 km landeinwärts am Unterlauf der Elbe liegt. Der Bau von Schleusen, die den Wasserspiegel im Hafen auf dem gleichen Niveau halten, ist überflüssig und den Schiffen wird beim Anlaufen des Hafens viel Zeit erspart. Weiterhin liegt der Hamburger Hafen weit im Binnenland. Dadurch verkürzt sich der Anfahrtsweg für Last- und Güterwagen sowie für Binnenschiffe erheblich. Doch gibt es noch weitere Gründe, die Hamburg zum bedeutendsten deutschen Hafen machen.

Betrachte nebenstehende Kartenskizze nach folgenden drei Gesichtspunkten:

a) Wohin führen von Hamburg Wasserstraßen in das Landesinnere?
b) Wohin führen Eisenbahnlinien von Hamburg ins Landesinnere?
c) Welche Fernverkehrsstraßen führen von Hamburg ins Landesinnere?

Den günstigen Verkehrsbedingungen zu Lande und zu Wasser verdankt der Hamburger Hafen seine große Bedeutung. Eilige Güter können in wenigen Stunden von Hamburg mit der Bahn oder dem Fernlaster in alle Teile der Bundesrepublik Deutschland und Westberlin befördert werden, weniger eilige mit dem Schiff ins Ruhrgebiet und von dort auf dem Rhein weiter in die Schweiz.

Viele südlich und östlich von Deutschland gelegenen Länder besitzen keinen eigenen Zugang zum Meer; so z. B. die Schweiz, Österreich, Ungarn, die CSSR. Für diese Länder ist Hamburg **Transithafen,** d. h. Güter, die aus Übersee in Hamburg ankommen und für unsere südlichen und östlichen Nachbarn bestimmt sind, werden von Hamburg aus sogleich in diese Länder weiterbefördert.

1. Stelle fest, für welche Länder Hamburg Transithafen ist!
2. Hamburg ist ein deutscher Hafen, aber er besitzt europäische Bedeutung. Erläutere diesen Satz!
3. Es sind eine ganze Reihe von Gründen, die den Hamburger Hafen zum bedeutendsten in Deutschland machen.

Notiere sie!
Neben Hamburg besitzt Deutschland an der Nordseeküste einige weitere Häfen. Jeder hat sich auf das Löschen oder Verladen bestimmter Güter spezialisiert.

Vervollständige nachstehende Aufstellung!

Bremen: gut – gut – Stück – Sack . . .
Bremerhaven: gier – ha – Pas – fen – sa . . .
Wilhelmshaven: fen – Öl – ha . . .
Emden: fen – Ei – erz – ha – sen . . .

Darüber solltest du berichten können!

Welche Anlagen sind in einem modernen Hafen zu finden?
Wie werden diese Anlagen eingesetzt?
Was ist ein Container?
Was sind Stück- und Massengüter?
Warum ist Hamburg als ein schneller Hafen bekannt?
Welchen Weg nimmt die Ladung beim Löschen des Schiffes?
Was ist unter einem Freihafen zu verstehen?
Warum ist der Freihafen für die Stadt Hamburg von großer Bedeutung?
Welche Faktoren sind maßgebend, daß Hamburg zum bedeutendsten deutschen Hafen wurde?
Was ist unter der Bezeichnung Transithafen zu verstehen?
Für welche Länder ist Hamburg Transithafen?
Welche anderen deutschen Nordseehäfen gibt es und worauf haben sie sich spezialisiert?

Kernwissen

Hamburg ist der bedeutendste deutsche Hafen. Dies verdankt er folgenden Faktoren: er ist ein schneller mit modernsten Anlagen eingerichteter Hafen; er ist jederzeit anlaufbar, da der Tidenhub gering ist. Er liegt ein gutes Stück im Landesinneren und verkürzt dadurch die Anfahrtswege für Bahn und Auto; von ihm aus führen Wasserstraßen, Fernstraßen und Eisenbahnlinien in alle Teile Deutschlands sowie nach Süd-, Ost- und Westeuropa. Hamburg ist für die südlichen und östlichen Nachbarn Transithafen. Der Hamburger Freihafen ist ein wichtiger Arbeitgeber. In ihm können zollfrei Waren gelagert und veredelt werden.

Mit Bahn und Auto durch Europa

1. Von Nürnberg, Würzburg oder Augsburg aus kannst du auf Autobahnen in den Süden oder Norden fahren. Autobahnen verbinden unser Land mit anderen europäischen Ländern. Stelle mit Hilfe des Atlasses eine Fahrtroute von deinem Heimatort nach Nizza an der französischen Rivieraküste zusammen. Wie lange bist du mit dem Auto unterwegs? (Autobahn: 100 km in der Stunde, Landstraße: 70 km in der Stunde)
2. Auch mit dem Zug kannst du Nizza erreichen. Frage am nächsten Bahnhofschalter nach!

22.30; München Hauptbahnhof: Der von Rom kommende Alpen-Expreß setzt in wenigen Minuten seine Fahrt in Richtung Kopenhagen fort. Die Reisenden haben sich zum großen Teil bereits in ihrem Schlafwagenabteil zur Nachtruhe niedergelegt. Viele haben eine weite Reise vor sich. Die einen wollen nach Hamburg, andere fahren auf dieser sog. Vogelfluglinie gar bis Kopenhagen weiter. Trotz der großen Reise geht ihnen kein Urlaubs- oder Arbeitstag verloren. Wenn der Zug am nächsten Morgen gegen 8.00 Uhr in Hamburg einläuft, können sie ausgeschlafen ihren Plänen nachgehen: der Geschäftsmann zu einer wichtigen Besprechung gehen, der Urlauber eine Stadt- und Hafenrundfahrt unternehmen oder bei Weiterfahrt die Überfahrt von Puttgarten nach *Rødby* genießen, um um 14 Uhr in Kopenhagen auszusteigen. Die Bundesbahnfähren zwischen Puttgarten und Rødby bringen täglich Personenzüge aus allen Teilen Westeuropas hinüber nach Dänemark.

Die schnellsten Reisezüge sind jedoch die **TEE-Züge.** Mit einer Höchstgeschwindigkeit von 160 km/h verbinden diese 97 TEE-Züge 121 Städte miteinander. Da sie nur an wenigen bedeuten-

TEE-Zug

den Orten halten, gelangt man mit ihnen so rasch wie möglich ans Ziel.

Ungefähr 20 000 Reisezüge verkehren täglich auf dem 30 000 km langen Schienennetz der DB. 4,3 Millionen Reisende benützen tagaus, tagein die Bahn. Im Jahr sind dies 1,6 Milliarden Fahrgäste. 6000 Lokomotiven und 18 000 Reisezugwagen bewältigen diese ungeheure Zahl der Fahrgäste.

Neben den Personenzügen verkehren zwischen Deutschland und Dänemark Tag und Nacht Güterzüge, die Waren zwischen den beiden Ländern befördern.

Zur Beförderung der jährlich etwa 350 Millionen Tonnen an Gütern stehen mehr als 300 000 Güterwagen zur Verfügung.

11 000 Unternehmen in der Bundesrepublik Deutschland haben einen direkten Anschluß an das Schienennetz Europas. Die Waren werden im Fabrikhof in den Güterwagen geladen. Von dieser Gleisanlage gelangen die Waggons zum Ortsbahnhof. Dort werden sie an einen Güterzug angekoppelt, der an den Bestimmungsort der Waren fährt.

1. Die TEE- und anderen D-Züge bringen dem Fahrgast Vorteile. Nenne sie!
2. Viele Autofahrer fahren mit der Bahn und nehmen ihren Wagen im **Autoreisezug** mit, da sie am Zielort nicht auf ihr Auto verzichten wollen. Diese Möglichkeit bringt wesentliche Vorteile. Überlege!
3. Firmen, die einen eigenen Gleisanschluß besitzen, bedienen sich des sog. **Von-Haus-zu-Haus"-Systems.** Dieses System hilft Zeit und Kosten sparen. Begründe!
4. Ferngüterzüge fahren meistens nachts. Sie werden nachmittags beladen und sind am Morgen des darauffolgenden Tages beim Kunden. Diese Einteilung ist für die DB wie auch für den Kunden von Vorteil. Überlege!
5. Der Personen- wie der Gütertransport mit der Bahn ist wetterunabhängig, rasch und pünktlich. Begründe!
6. Betrachte die verschiedenen Güterwagentypen und stelle fest, welche Aufgaben sie erfüllen!

Autoreisezug

Containerzug („Von Haus-zu-Haus-System")

Der Zug ist an das Streckennetz gebunden. Viele Orte haben keinen Bahnanschluß. In den letzten Jahren wurden viele unrentable Strecken stillgelegt. Andere Orte sind nur durch wiederholtes Umsteigen zu erreichen. In solchen Fällen tritt die Straße der Bahn als überlegener Konkurrent entgegen. Auch der Ausbau der Bundesautobahnen auf etwa 4500 km macht die Straße der Schiene gegenüber konkurrenzfähig. Der Verkehr hat sich in den vergangenen Jahren zunehmend von der Schiene auf die Straße verlagert. Bereits jeder vierte Bundesbürger besitzt ein Auto. Besonders während der Ferienzeit und an den Wochenenden sind selbst gutausgebaute Straßen so verstopft, daß nur im Schrittempo gefahren werden kann.

Zum Personenverkehr kommt der Güterverkehr durch LKWs. Sie behindern durch ihre langsamere Fahrweise den Personenverkehr oft beträchtlich. Selbst das Sonntagsfahrverbot und Kriechspuren auf den Autobahnen können das zeitweilige Verkehrschaos nur geringfügig mindern. Aus diesem Grunde setzt sich besonders im Güterverkehr eine Kombination zwischen Straße und Schiene immer mehr durch. Der Laderaum der Lastwagen wird auf Eisenbahnwagen geladen und so weit transportiert, wie eine günstige Verkehrsverbindung vorhanden ist, so etwa von Köln nach München. Im Zielgebiet wird der Laderaum an das Führerhaus des bereitstehenden LKWs angekoppelt und zum Bestimmungsort gefahren. Man nennt dieses Verfahren **„Huckepack-System".** Andererseits meiden auch viele Autofahrer, wie du bereits erfahren hast, die Straße und benützen Autoreisezüge.

1. Man kann sagen: „Straße und Schiene ergänzen sich gegenseitig, sowohl im Güter- wie auch im Personenverkehr". Begründe diese Feststellung!
2. Kennzeichne die Vorteile des Huckepack-Systems!
3. Das Autobahnnetz der Bundesrepublik Deutschland wurde nach dem Kriege um über 2000 km erweitert. Trotzdem hört

Das Huckepack-System

Brenner-Autobahn

man immer wieder von Verkehrsstauungen auf Autobahnen. Begründe! Bedenke, daß die Zahl der Kraftfahrzeuge in den letzten 20 Jahren um das Dreifache gestiegen ist.
4. Straßen in der Umgebung von Großstädten sind fast ständig überlastet.
   a) Suche Gründe hierfür!
   b) Überlege Möglichkeiten, wie dem Übel der dauernden Überbelastung entgegengewirkt werden kann!
5. Überlege, warum die Kultusminister der einzelnen Bundesländer übereingekommen sind, den Ferienbeginn in den verschiedenen Bundesländern zu unterschiedlichen Zeitpunkten beginnen zu lassen!
6. Durch Europa führen 26 gutausgebaute Fernverkehrsstraßen, sog. **Europa-Straßen.** Sie tragen wesentlich dazu bei, den Personen- und Güterverkehr zu beschleunigen. Begründe!
7. Suche auf dem Atlas einige Europa-Straßen!

Noch vor hundert Jahren gab es nur wenige passierbare Pässe über die Alpen. Heute sind die Alpen für Bahn und Auto kein Verkehrshindernis mehr. Tunnels und Brücken überwinden Bergmassive, Schluchten und Täler. Und wenn einmal die Straßen und Autobahnen aufhören, so stehen Autotransportzüge bereit, die Fahrer und Autos durch Tunnels bringen. Die meist befahrene und technisch schönste Autobahn über die Alpen ist die Brenner-Autobahn, die den Norden Europas mit dem Süden verbindet.

1. Suche bekannte Alpenpässe im Atlas! In welche Länder und Städte führen sie?
2. Auch in den Allgäuer und Bayerischen Alpen gibt es moderne Paßstraßen. Suche sie im Atlas!
3. In den Rundfunknachrichten kannst du oft hören: ,,Gesperrt sind folgende Pässe: Furka, Grimsel, St. Gotthard ..." Warum sind manche Pässe nicht immer befahrbar?

Darüber solltest du berichten können!

– Durch welche Verkehrsverbindungen sind die Städte und Länder Europas verbunden?
– Wie werden Verkehrshindernisse wie die Alpen überwunden?
– Welche Vorteile bringen der Autoreisezug, der Containerzug und das ,,Huckepack-System"?
– Warum hat sich der Verkehr in den letzten Jahren zunehmend von der Schiene auf die Straße verlagert?

Kernwissen

Europastraßen und TEE-Züge verbinden die europäischen Länder. Durch den Ausbau von Autobahnen und Schnellstraßen kann man heute vom Nordkap bis nach Sizilien mit dem Auto reisen. Die Bahn befördert jeden Tag Millionen Reisende und Tausende von Tonnen Güterware durch Europa. Moderne Paßstraßen und Tunnels überwinden das Gebirge.

Unser Land Bayern in Wort, Bild und Zahl

Bayern ist mit einer Fläche von 70 547 Quadratkilometern das größte Land der Bundesrepublik. Die Landesgrenzen sind 2715 km lang. Nachbarn Bayerns sind im Westen und Nordwesten die Länder Baden-Württemberg und Hessen, im Norden die DDR, im Osten die Tschechoslowakei und im Süden Österreich.
Bayerns Landschaft gliedert sich in vier Großlandschaften:
a) Die Allgäuer und Bayerischen Alpen
b) Das Ostbayerische Mittelgebirge mit dem Bayerischen Wald, dem Oberpfälzer Wald, dem Fichtelgebirge und dem Frankenwald
c) Das Alpenvorland
d) Das schwäbisch-fränkische Stufenland von der Donau bis zum Main. Der Spessart und die Rhön bilden in seinem Norden die natürliche Grenze zum Land Hessen.

1. Lies noch einmal im Kapitel „Oberflächenformen" nach und bestimme, welche Oberflächenformen Bayerns Großlandschaften prägen!

Bayerisches Mittelgebirge

2. Donau (387 km) und Main (411 km) sind die größten Flüsse in Bayern. Suche im Atlas ihre größten Nebenflüsse!
3. Wörnitz, Naab und Regen bilden die europäische Wasserscheide zwischen Nordsee und Schwarzem Meer. Verfolge den Lauf dieser Flüsse auf einer Karte deines Atlasses und erkläre das Wort „Wasserscheide"!
4. Das Bild S. 100 zeigt dir eine der Großlandschaften Bayerns. Woran erkennst du seine Oberflächenform?

Bayern ist in sieben Regierungsbezirke eingeteilt: Oberbayern, Niederbayern, Oberpfalz, Oberfranken, Mittelfranken, Unterfranken und Schwaben.
Die Bezirksregierungen übernehmen Verwaltungsaufgaben in Bereichen wie Landwirtschaft, Verkehr, Bauwesen, Schule, Umweltschutz u. ä. 71 Landkreise mit 25 kreisfreien Städten und 2028 Gemeinden bilden die untere Verwaltungsebene. Vor der Gebietsreform gab es noch 143 Landkreise, 48 kreisfreie Städte und über 7000 Gemeinden.

1. In welchem Regierungsbezirk wohnst du? Wie heißen die Städte, in denen die Bezirksregierungen sind? Suche sie auf nebenstehender Karte und im Atlas!
2. In welchem Landkreis wohnst du? Wie heißen die Nachbarlandkreise? Wie heißt die Kreisstadt? Warum fahren die Menschen von den anderen Gemeinden des Landkreises in die Kreisstadt?
3. Die Gemeindegebietsreform hat die Verwaltung in Bayern verändert. Ist dein Wohnort eine selbständige Gemeinde oder ist er einer anderen Gemeinde angegliedert? Welchen Sinn hatte die Gemeindegebietsreform? Frag nach!
4. Eine Gemeinde hat immer eine Reihe von Einrichtungen, die dem Bürger dienen, z. B. Sportanlage, Hallenbad usw. Welche Einrichtungen für den Bürger hat deine Heimatgemeinde? Welche Einrichtungen sind vor allem für Kinder geschaffen?

Die Regierungsbezirke

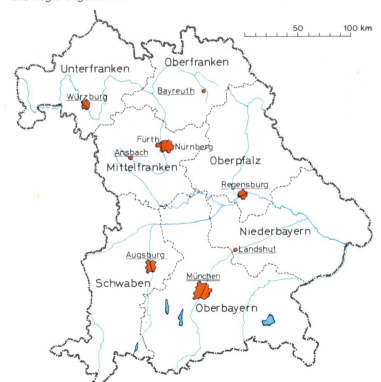

Naturschutz schützt Bayerns Landschaften

Bayern ist ein Ferien- und Urlaubsland. Millionen Menschen aus europäischen Ländern und Übersee, natürlich auch aus den anderen Ländern Deutschlands und aus Bayern selbst suchen Ruhe und Erholung in den vielfältigen Landschaften Bayerns.

Die Alpen laden zum Klettern und Bergsteigen ein, das Alpenvorland verfügt über zahlreiche Seen für die Wasserfreizeit, im Bayerischen Wald, im Spessart und im Fichtelgebirge kann der Feriengast in zahlreichen Urlaubsorten wandern, reiten, baden und anderen Freizeitbeschäftigungen nachgehen.

In Bayern gibt es über 30 Kurorte. Luftkurorte, heilklimatische Kurorte und Kneippbäder bieten kranken und erholungsbedürftigen Menschen Heilung unter ärztlicher Aufsicht. Einer der bekanntesten Kurorte ist Bad Wörishofen.

schaftsschutzgebiete, 167 Naturschutzgebiete und 15 große Naturparks, die sich im Altmühltal, Bayerischen Wald, Spessart, Steigerwald und in der Rhön befinden. Das größte Schutzgebiet ist der bayerische Nationalpark im Bayerischen Wald.

1. Warum wird Bayern als Ferien- und Urlaubsland bezeichnet? Denk an die verschiedenartigen Landschaftsformen, an deren Oberflächenformen und natürliche Bedingungen!
2. In welchen Teilen Bayerns würdest du Ferientage verbringen wollen? Begründe deine Wahl und stelle eine Reiseroute von deinem Wohnort zum Urlaubsort zusammen!
3. Warum liegen viele der bayerischen Kurorte im Alpenvorland? Denke dabei an das Klima und die natürlichen Bedingungen (Wald, Wasser u. ä.)!

„Kneipp-Kur" Wassertreten

Unberührte Landschaft

Im Umkreis der Städte und auf dem Lande sind in den letzten Jahren zahlreiche Naherholungsgebiete entstanden. Du hast solche Naherholungsräume schon auf Seite 69 kennengelernt. Eine der wichtigsten Aufgaben der bayerischen Staatsregierung ist, das Land, die Natur in diesem Land und die Umwelt der Bewohner dieses Landes zu schützen. Das geschieht durch Landschafts- und Naturschutzgebiete. In Bayern gibt es 873 Land-

4. Suche auf einer Süddeutschlandkarte Kurorte in anderen Ländern der Bundesrepublik! Das Wort „Bad" hilft dir dabei! Was kannst du feststellen?
5. Wie kannst du selbst mithelfen, die Umwelt und die Natur in deinem Heimatraum zu schützen?

Zum Schluß noch einige Zahlen über Bayern:

Einwohner Bayerns am 1. 1. 1976: 10 810 389
Einwohner der größten Städte am 1. 1. 1976:
München   1 314 865
Nürnberg   499 060
Augsburg: 249 943
Regensburg   131 886
Würzburg   112 584
Fürth   101 639
Erlangen   100 671

Ausländer in Bayern am 1. 1. 1976:

Türken   166 655
Jugoslawen   138 252
Italiener   83 629
Österreicher   78 371
Griechen   67 570
Spanier   19 100

Die wichtigsten Wirtschaftszweige:

Elektroindustrie mit Schwerpunkten in München und Nürnberg
Maschinenbau mit Schwerpunkten in Nürnberg, Augsburg und München
Textil- und Bekleidungsindustrie mit Schwerpunkten in Oberfranken und Schwaben und in den Städten München und Regensburg
chemische Industrie mit Schwerpunkten in Oberbayern (oberbayerisches Chemiedreieck), im Augsburger und Regensburger Raum
holzverarbeitende Industrie
Glasindustrie mit Schwerpunkt im Bayerischen Wald
Porzellanindustrie im Zonenrandgebiet Oberfrankens und der Oberpfalz

Fremdenverkehrsstatistik des Jahres 1975:

Übernachtungen in Hotels, Pensionen und Privatzimmern: 64 944 016
Übernachtungen auf Campingplätzen: 2,7 Millionen
Übernachtungen in Jugendherbergen und Kinderheimen: 2,2 Millionen

Verkehrswesen:

120 000 km Straßen in Bayern, davon
1265 km Autobahnen
7037 km Bundesstraßen
13 314 km Staatsstraßen
15 967 km Kreisstraßen
82 000 km Gemeindestraßen
7272 km Eisenbahnnetz
2 internationale Flughäfen (München-Riem, Nürnberg)
26 Verkehrslandeplätze
48 Sonderlandeplätze (vor allem für den Luftsport)

Schulwesen: (am 1. 1. 1976)

Schüler in Volksschulen: 1 221 115
Schüler in Gymnasien: 295 436
Schüler in Realschulen: 145 466

Erdkundliche Grundbegriffe

Abraum
: Der Erdboden wird weggeräumt, um wertvolle Bodenschätze abbauen zu können, z. B. Braunkohle und Ton.

Abtragung
: Wasser, Wind und Eis sind natürliche Kräfte, die besonders im Gebirge die Erdoberfläche abtragen.

Äquator
: gedachte Linie, die die Erdkugel in zwei gleichgroße Hälften teilt (– längster Breitenkreis)

Alb
: Höhenzug vom südwestlichen Rand des Fichtelgebirges am Nordrand der Donau entlang bis in die Schweiz und nach Frankreich aus wasserdurchlässigem Juragestein; in Süddeutschland als Schwäbisch-Fränkische Alb bezeichnet

Alpenvorland
: Gebiet zwischen dem Alpennordrand und der Donau

Aufschluß
: Abbau von Sand, Ton oder Stein an einem natürlich gewachsenen Hang

Ballungsgebiet
: Landesteil, in dem sich auf engstem Raum eine verhältnismäßig große Anzahl von Menschen, Industrie- und Gewerbebetrieben zusammendrängt (Ruhrgebiet)

Baumgrenze
: Im Hochgebirge können in großen Höhen (1800–2000 m) wegen des rauhen Klimas und der Bodenbeschaffenheit keine Bäume mehr wachsen (Baumgrenze).

Bergbau
: In der Erde vorhandene Bodenschätze werden abgebaut, z. B. Salz, Steinkohle, Braunkohle, Eisenerz. Dabei unterscheidet man den Untertagebau (unter der Erde) und den Tagebau (nach dem Abräumen des Bodens).

Bevölkerungsdichte
: durchschnittliche Wohnbevölkerung auf 1 qkm

Binnenschiffahrt
: Schiffahrt auf Flüssen, Kanälen und Seen

Bodenschätze
: Rohstoffe, die sich in der Erdkruste befinden

Braunkohle
: junge Kohle, die meist im Tagebau gewonnen wird; geringerer Heizwert als Steinkohle

Breitengrade
: gedachte Linien, die parallel zum Äquator verlaufen

Bundesland
: Bayern ist eines von 11 Bundesländern der Bundesrepublik Deutschland

City
: Stadtkern einer Großstadt; Ballung von Kaufhäusern, Gaststätten, Büros, Vergnügungsstätten

Dienstleistungsberuf
: Beruf, der nicht erzeugt oder verarbeitet, sondern für andere Menschen Dienste verrichtet (Postbote)

Durchbruchstal
: durch Erosion eines Flusses entstandener Einschnitt in einem Gebirgszug

Einzugsbereich
: einer Stadt ist deren Umland, das sie mit Rohstoffen und Arbeitskräften versorgt

Erdbeben
: Erschütterungen der Erdkruste, die in einem unterschiedlichen Herd entstehen

Erdkern
: das Erdinnere; es besteht aus zusammengepreßtem Eisen und anderen Metallen. Die Temperatur im Erdkern wird auf 10 000° C geschätzt

Erdkruste
: ungefähr 60 Kilometer starke äußerste Schale der Erde

Erdmantel
: zwischen Erdkern und Erdkruste; besteht aus Magma; Temperatur 1200° C

Faltengebirge
: durch Faltung abgelagerter Gesteinsschichten entstandenes Gebirge (Alpen, Anden)

Firn	körniger Schnee, der durch Tauen und Gefrieren entsteht; in tiefer gelegenen Teilen des Gletschers geht Firn in Eis über	Kleinzentrum	zentraler Ort mit 5000 Einwohnern
Flöz	Kohleschicht zwischen taubem Gestein	Kontinent	zusammenhängendes Land auf der Erdoberfläche
Geologie	Wissenschaft von Entstehung und Bau der Erde	Krater	kesselförmige Öffnung eines Vulkans
Gletscher	Schnee, der in der wärmeren Jahreszeit nicht mehr abschmelzen kann, wird zu Firn und dann zu Gletschereis; Gletscher wandern talwärts	Kulturpflanze	gezüchtete Pflanzen, die der menschlichen Ernährung dienen
		Landesentwicklungsplan	Planung der Staatsregierung, um das Gebiet den Erfordernissen entsprechend zu gestalten
Graben	ein durch Verwerfung abgesunkener Stollen; langgestreckte Senke in der Erdkruste	Längengrade	gedachte Linien, die vom Nord- zum Südpol verlaufen
Gradnetz	gedachte Linien, die den Globus überziehen, um Punkte der Erdoberfläche bestimmen zu können	Lava	abgekühlte Magmamasse
		Maar	trichterförmiger, vulkanischer Explosionskrater eines erloschenen Vulkans; meist mit Wasser gefüllt
Großstadt	menschliche Siedlung mit mehr als 100 000 Einwohnern	Magma	heißes, flüssiges Gestein im Erdinnern
Halde	Lagerplatz für Bergbauprodukte	Maßstab	Angabe über das Verhältnis der Streckenlänge auf der Karte zu der in der Natur
Heilquellen	regen die Tätigkeit der menschlichen Organe und Gewebe an und wirken bei bestimmten Krankheiten heilend	Mittelgebirge	Gebirgszug, dessen Erhebungen (vom Tal bis zum Gipfel) nicht mehr als 1000 m erreichen
Hochebene	ebene oder wellige Landfläche in größerer Meereshöhe	Mittelzentrum	zentraler Ort mit mindestens 20 000 Einwohnern
Hochgebirge	über 2000 m hohes, mit schroffen Felsformen und Bergmassiven ausgestattetes Gebirge (Alpen, Himalaja)	Moräne	Gesteins- und Schuttmaterial, das ein Gletscher mittransportiert und nach dem Schmelzen liegen läßt
Horizont	kreisförmige Linie, die das Himmelsgewölbe scheinbar von der Erde trennt	**N**aturschutzgebiet	Landschaftsgebiete, in die der Mensch nicht eingreifen darf, z. B. durch Abbau von Bodenschätzen oder Abholzen u. ä.
Hügelland	wird gekennzeichnet durch flache Höhen und muldenartige Täler; durch die Tätigkeit von Gletschern während der Eiszeit entstanden	Nordpol	nördlichster Punkt der Erdkugel
		Oberzentrum	zentraler Ort mit über 100 000 Einwohnern
Industrie	Herstellung von Massengütern in Großbetrieben (Fabriken)	**P**endler	Arbeiter (Studenten), deren Arbeitsplatz (Ausbildungsstätte) nicht am Wohnort ist (Tagespendler, Wochenpendler)
Import	Einfuhr		
Kalkstein	unter Druck aus abgelagertem Kalkschlamm entstandenes Gestein. Kalkschlamm bestand aus Schalen und Skeletten der Meerestiere	Pipeline	Erdölleitung mit Pumpstationen, die z. B. vom Förderort zum Verladeort führt
		Plankton	Meerespflanzen – Meerestiere

Raffinerie	Verarbeitungsstätte des Rohöls	Trabantenstadt	planmäßig angelegte Stadt in nächster Nähe einer Großstadt
Regierung	besteht in Bayern aus dem Ministerpräsidenten und den Ministern. Sie bestimmen das Geschick des Staates	**U**mland	Gebiet im Einzugsbereich einer Stadt
		Untertagebau	Abbau von Bodenschätzen in Schächten und Stollen
Region	Stadt und zugehöriges Umland	Unterzentrum	zentraler Ort bis 20 000 Einwohner
Saline	in ihr wird Steinsalz von Beimengungen gereinigt und damit zu Kochsalz	**V**eredelungsindustrie	Verarbeitung wenig wertvoller Rohstoffe zu wertvollen Produkten
Siedlung	Wohnstätte; Ortsteil, der nach einem Gesamtplan erbaut wird	Verkehrsknotenpunkt	Zusammentreffen wichtiger Verkehrsverbindungen in einem Punkt
Sole	salzhaltiges Wasser		
Südpol	südlichster Punkt der Erdkugel	Vulkan	feuerspeiender Berg, der bei Ausbruch aus seinem Krater Asche und Magma auswirft
Schleuse	Hebung oder Senkung von Schiffen in einer Schleuse zur Überwindung von Höhenunterschieden		
Schotterfläche	Geröll und Schotter als Ablagerung der Eiszeit in flachen Schotterfeldern (Lechfeld, bei München und Mühldorf)	**W**asserscheide	Höhenlinie, von der aus abfließendes Wasser verschiedenen Stromgebieten (Rhein, Donau) zufließt
Steinkohle	Bodenschatz, der unter Druck bei hohen Wärmegraden und Luftabschluß sich in der Erdkruste bildete	**Z**eche	Bergbaubetrieb mit den zugehörigen Anlagen über Tage und Nebenbetrieben
Tagebau	an der Erdoberfläche betriebener Bergbau	Zentraler Ort	Verwaltungsmäßiger, wirtschaftlicher, kultureller und gesellschaftlicher Mittelpunkt eines Gebietes
Tiefland	ein Gebiet mit sehr geringen Höhenunterschieden; nur wenige Meter über dem Meeresspiegel		

Stichwortverzeichnis

Abbau 39 ff.
Ablagerung 18 f.
Ablagerungsgestein 31
Abtragung 18 f.
Adria 79 ff.
Allgäu 73 ff.
Alpen 14 ff., 76 ff.
Äquator 11
Archäopteryx 30
Aussiedlerhof 45
Autoreisezug 98

Badeurlaub 79 ff.
Ballungsraum 61 ff., 72
Basalt → Vulkanismus
Bayerischer Wald 71 ff.
Bayern 10, 100 ff.
Beben → Erdbeben
Bergbau 30 ff.
Berufspendler 49
Bezirksregierungen 101
Binnenwasserstraße 90 ff.
Bohrinsel 93
Bohrturm 43
Braunkohle 36 ff.
Breitenkreis 10
Breitengrad 10
Bundesbahn 82, 97
Bundesstraße 82

Chemische Fabrik 65
Container 94
Containerhafen → Hafen

Dorf 46

Einzelhof 46
Eiszeit 16 f.
Erde 9 ff.
– Erdachse 9
– Erdaufschluß 19
– Erdbeben 24 ff.
– Kugelgestalt 9
Erdgas 42
Erdöl 41 ff.
Erholung 69 ff.
– Erholungsraum 69 ff.
– Fernerholungsraum 69 ff.
– Freizeitraum 69
– Lehrpfad 69
Erstarrungsgestein 31
Europakanal 90 ff.
Europastraßen 99

Faltengebirge 15
Feldbau 45
Fernerholungsraum → Erholung
Firn 16
Flöz 36 ff.
Flughafen 84
– Fluggast 86 ff.
– Fluggastbrücke 86
– Fluggastterminal 86
– Flugsteigfinger 86
– Flugstern 88
– Flugverkehrsknotenpunkt 88
– Großraumflugzeug 86
– Lotsenauto 86
– Passagierflugzeug 84 ff.
Flurbereinigung 46
Freihafen → Hafen
Freizeitraum → Erholung
Fremdenverkehr 73 ff., 103
Förderschacht 37
Füllort 38

Geographie 7 ff.
Gießerei 65
Gletscher 16 f.
– Gletschereis 17
– Nährgebiet 17
– Zehrgebiet 17
Globus 9
Grabenbruch 28 ff.
Gradnetz 10
Granit 31
Großraumflugzeug → Flughafen
Güterverkehr → Verkehr

Hafen 94 ff.
– Containerhafen 94
– Freihafen 94
– Passagierhafen 94
– Tanker 94
– Transithafen 96
Hangendes 38
Hochgebirge 12, 14
Hochofen 65
Höhenprofil 92
Huckepack-System 98
Hügelland 12

Individualverkehr → Verkehr
Industrialisierung 64 ff.

Kai 94
Kalisalz 32 f.
Kalkstein 30
Kanal 90 ff.
Kanalüberführung 92
Karte 7 ff.
– Landkarte 7
– physische 8
– Sonderkarte 8
– topographische 8
Kleinzentrum 48
Kohlebergwerk 37 ff.
Kohlenhobel 38
Kohlenpott 65
Kokerei 65
Krater → Vulkanismus
Kugelgestalt → Erde
Kurort 74

Längengrade 10
Landesentwicklungsprogramm 48
Landeshauptstadt 55
Landkarte → Karte
Lastkahn 91
Lava → Vulkanismus
Lehrpfad → Erholung
Liegendes 38
Lotsenauto → Flughafen

Maar 23
Magma → Vulkanismus
Marktgemeinde 47
Marmor 30
Massengut 94
Massenverkehrsmittel → Verkehr
Maßstab 8
Mittelgebirge 12, 14, 71 ff.
Mittelmeerklima 80
Mittelzentrum 48
Moränen 17

Naherholungsraum → Erholung
Nährgebiet → Gletscher
Naturschutzgebiet 72

Oberflächenform 12 ff.
Oberzentrum 48
Ort, zentraler 48
Ostberlin 67

Passagierflugzeug → Flughafen
Passagierhafen → Hafen
Paßstraße 99
Personenfernverkehr 82

Personennahverkehr 82
Pipeline 43
Plankton 41
Pumpstation 21

Region 45 ff.
Rekultivierung 40
Rohstoffe 96
Ruhrgebiet 69 ff.

Saline 33
Salzbergwerk 32 ff.
Salzgärten 34
Salzgewinnung 32 f.
Salzlager 32 f.
Schacht 37 f.
Schichtvulkan → Vulkanismus
Schildvulkan → Vulkanismus
Schleuse 90 ff.
Schwerindustrie 65
Seismograph 26
Siedesalz 33
Skifahren 76
Skiorte 76 ff.
Sohle 37
Sole 33
Sonderkarte → Karte
Stadt 45 ff.
Stadtkern (City) 52
Städteballung 64 ff.
Stahl- und Walzwerk 65
Steinbruch 30 f.
Steinkohle 35 ff.
Stollen 37
Streb 37
Stückgut 94

Tagebau 39
Tafelsalz 34
Tanker → Hafen
TEE-Züge 97
Tidenhub 96
Tiefland 12
Topograph 7
Torf 36
Trabentenstadt 57, 62
Transithafen → Hafen
Trogtal 17
Tropfsteinhöhle 20 f.
Tunnel 99

Umland 45 ff.
Unterzentrum 48

Urlaub 79 f.
Urwald 72

Verdichtungsraum 49
Verkehr 82 ff.
- Güterverkehr 93
- Individualverkehr 59
- Massenverkehrsmittel 59

- Verkehrsmittel 54
- Verkehrsprobleme 83 f.
- Verkehrswesen 103
- Verkehrszentrum 58
Versorgungszentrum 57
Verwaltungszentrum 59
Verwitterung 18 ff.
Viehhaltung 45 f.

Vulkanismus 22 ff.
- Basalt 23
- Krater 23
- Lava 23
- Magma 23
- Schichtvulkan 23
- Schildvulkan 24

Walzenschrämlader 38
Walzwerk 65
Weiler 46
Westberlin 67 ff.
Wirtschaft 103

Zeche 38
Zehrgebiet → Gletscher

Die Fotos verdanken wir:

BASF, Ludwigshafen 44
Bavaria Verlag 12 (2), 13, 18 (3), 19, 21, 24, 34, 45, 46, 53, 56 (3), 57, 59, 60 (2), 65 (2), 66 (2), 75, 85, 93, 99, 100 (2), 101, 102 (2)
Bayer. Braunkohlen-Industrie AG, Schwandorf 39
Bischof & Broel OHG, Nürnberg 92
Albrecht Brugger, Stuttgart 7 (freigegeben vom Reg.-Präsident Nord-Württemberg Nr. 2/14607-6 und Nr. 2/41302c)
Bundesbahn Filmstelle 97, 98, 99
Deutsche Luftbild KG, Hamburg 13
Deutsches Museum, München 10
Deutscher Mineralölverband 43
Esso AG 43
Frankfurt Presse- und Informationsamt 83
Fleischmann, Hirschau 19
Flughafen Frankfurt 86, 87, 88
Gesamtverband des deutschen Steinkohlenbergbaus 37
Hamburg, Staatl. Landesbildstelle 94.95 (freigegeben durch Luftamt Hamburg Nr. 5284/66)
Herold 15 (2), 16, 17, 20, 21, 31, 71, 72 (2), 79, 80
Jünger Verlag 36, 39
Jürging, Weihenstephan 19, 31
Keystone 27
Meitinger, Donauwörth 7, 10, 75
Nasa/Usis, Objekt: Zeiss, Oberkochen/Württ. 10
Foto-Nitsche, Eichstätt 30

Salzbergwerk Berchtesgaden 33, 34
Pressebild Franz Scholl, Bad Oberndorf 75, 76, 77
Fred Schöllhorn, Augsburg 70
Foto Wilkin Spitta, Regensburg 49
Stadt Regensburg 53
Städt. Hauptamt für Hochbauwesen, Nürnberg 62
Städt. Vermessungsamt, Nürnberg 63
Rudi Stümpel, Erlangen 90
Sepp Reindl, Garmisch-Partenkirchen (Kurverwaltung) 77
Hans Truöl, Sonthofen/Allgäu 78 (2)
V-Dia-Verlag, Heidelberg 31
Wanner und Freisleben, Genderkingen 19 (freigegeben vom Reg.-Präsident Düsseldorf Nr. 25/AK 3346/11)
Zugspitzmassiv aus: Westermann – Schulatlas, Große Ausgabe Bayern Seite 13, 12
Bayern – von Harburg bis Augsburg, aus: Westermann-Schulatlas, Große Ausgabe Bayern Seite 5, 13
Umgebungskarte Frankfurt mit Spessart, Maintal und Taunus aus: Westermann-Schulatlas 70
Umgebungskarte von München aus: Westermann-Schulatlas, Große Ausgabe Bayern Seite 15, 84
Georg Westermann Verlag, Druckerei und Kartographische Anstalt GmbH & Co., Braunschweig, 12. Auflage 1977
22 (2) (freigegeben vom Luftamt Nordbayern GS 2508/229 u. GS 2508/230)
29 (freigegeben vom Reg.-Präsident Stuttgart Nr. 2/41302c)
85 (freigegeben von der Reg. Oberbayern Nr. G 787080)
Foto-Würfl, Neustadt/Waldnaab 22